O LIVRO DAS IMAGENS

Dados Internacionais de Catalogação na Publicação (CIP)
(Câmara Brasileira do Livro, SP, Brasil)

O livro das imagens : tesouros do arquivo do Instituto C.G. Jung Zurique / Ruth Ammann, Verena Kast, Ingrid Riedel (orgs.) ; tradução de Markus A. Hediger. – Petrópolis, RJ: Vozes, 2024.

Título original: Das Buch der Bilder
ISBN 978-85-326-6745-8

1. Jung, C.G. (Carl Gustav), 1875-1961 2. Psicologia junguiana I. Ammann, Ruth. II. Kast, Verena. III. Riedel, Ingrid.

24-194319   CDD-150.1954

Índices para catálogo sistemático:
1. Jung : Psicanálise : Psicologia 150.1954
Eliane de Freitas Leite – Bibliotecária – CRB 8/8415

Ruth Ammann, Verena Kast e
Ingrid Riedel (orgs.)

O LIVRO DAS IMAGENS

Tesouros do arquivo do
Instituto C.G. Jung Zurique

Tradução de Markus A. Hediger

EDITORA VOZES
Petrópolis

© 2018 Schwabenverlag AG, Patmos Verlag. Ostfildern.

Tradução do original em alemão intitulado
Das Buch der Bilder. Schätze aus dem Archiv des C.G. Jung-Instituts Zürich.

Direitos de publicação em língua portuguesa:
2024, Editora Vozes Ltda.
Rua Frei Luís, 100
25689-900 Petrópolis, RJ
www.vozes.com.br
Brasil

Todos os direitos reservados. Nenhuma parte desta obra poderá ser reproduzida ou transmitida por qualquer forma e/ou quaisquer meios (eletrônico ou mecânico, incluindo fotocópia e gravação) ou arquivada em qualquer sistema ou banco de dados sem permissão escrita da editora.

CONSELHO EDITORIAL

Diretor
Volney J. Berkenbrock

Editores
Aline dos Santos Carneiro
Edrian Josué Pasini
Marilac Loraine Oleniki
Welder Lancieri Marchini

Conselheiros
Elói Dionísio Piva
Francisco Morás
Gilberto Gonçalves Garcia
Ludovico Garmus
Teobaldo Heidemann

Secretário executivo
Leonardo A.R.T. dos Santos

PRODUÇÃO EDITORIAL

Aline L.R. de Barros
Marcelo Telles
Mirela de Oliveira
Otaviano M. Cunha
Rafael de Oliveira
Samuel Rezende
Vanessa Luz
Verônica M. Guedes

Conselho de projetos editoriais
Isabelle Theodora R.S. Martins
Luísa Ramos M. Lorenzi
Natália França
Priscilla A.F. Alves

Editoração: Rafaella Nóbrega Esch de Andrade
Diagramação: Victor Maurício Bello
Revisão gráfica: Heloísa Brown
Capa: Érico Lebedenco
Ilustração de capa: The Hatching of the Egg (O chocar do ovo).

ISBN 978-85-326-6745-8 (Brasil)
ISBN 978-3-8436-1017-9 (Alemanha)

Este livro foi composto e impresso pela Editora Vozes Ltda.

LISTA DE ABREVIATURAS

LN – *Livros Negros*
LV – *O Livro Vermelho*
OC – Obra Completa de C.G. Jung (18 vols., Vozes, 2012)

SUMÁRIO

Prefácio 13
Verena Kast

Na terra da imaginação 14
A coleção C.G. Jung
Monika Jagfeld

Tornar visível o mundo interior 18
O arquivo de imagens e sua história
Vicente L. de Moura

Catálogo – A busca por imagens internas 25

Do absurdo ao sentido primordial 41
Ecos dadaístas no arquivo de imagens
Doris Lier

Catálogo – O inquietante 59

Encontrar o centro pessoal 68
O simbolismo dos mandalas
Verena Kast

Catálogo – Mandalas 83

"Mas, afinal, por que razão levo os pacientes a se exprimirem por meio de um pincel, de um lápis, de uma pena?" 109
Ruth Ammann

Catálogo – Sexualidade e corpo 133

Tempo apocalíptico 155
Uma série de imagens da Segunda Guerra Mundial
Ingrid Riedel

Catálogo – Tribulações e destruição 177

A reorganização do mundo 202
Um desenho do arquivo de imagens
Philip Ursprung

Catálogo – O humano e o desumano 211

Conclusão: Pintar a partir do inconsciente na atualidade 238
Ingrid Riedel

Referências 246

Os autores 248

As imagens 250

PREFÁCIO

O Instituto C.G. Jung Zurique foi fundado em 24 de abril de 1948. Em 2018, ele existe, portanto, há 70 anos, e para comemorar essa data queremos mostrar algo especial, algo ao qual o público maior não teve acesso até agora: desenhos e pinturas de pacientes do arquivo de imagens do Instituto C.G. Jung Zurique. A partir de mais ou menos 1917, C.G. Jung incentivava seus pacientes a retratar seus sonhos e imaginações em imagens. A atividade imaginativa, a criação de imagens, o entendimento das imagens como símbolos, mas também o efeito terapêutico do trabalho com imagens e a suspensão das cisões na psique por meio da criação simbólica representam o âmago da teoria e terapia junguiana. Em suas "Definições", Jung escreveu: "Para mim, a fantasia como atividade imaginativa é mera expressão direta da atividade psíquica, da energia psíquica que só é dada à consciência sob a forma de imagens ou conteúdos [...]" (OC 6, § 869). Jolande Jacobi, uma colaboradora importante de Jung, que também desenvolveu um trabalho intenso com imagens, reuniu cerca de 4.500 desenhos e pinturas dos pacientes de C.G. Jung, criados entre 1917 e 1955. O arquivo contém também mais ou menos 6.000 imagens da atividade clínica de Jolande Jacobi. Essas imagens ficaram armazenadas no instituto, onde foram classificadas por analistas junguianos, mais especificamente por Jolande Jacobi, Rudolf Michel, Michel Edwards, Cecilia Roost, Paul Brutche, Vicente de Moura e Ruth Ammann.

O arquivo de imagens é consultado frequentemente por pessoas que se interessam pelos desenhos dos pacientes e pela imaginação ativa, pelo método que Jung desenvolveu e aplicou como uma forma de terapia com imagens internas.

Ruth Amman, a curadora atual do arquivo de imagens, teve a ideia de apresentar ao público alguns desses tesouros por ocasião do 70º aniversário do Instituto C.G. Jung Zurique, ou seja, de publicar algumas dessas imagens e escrever um texto reflexivo sobre elas. Verena Kast e Ingrid Riedel acataram a ideia, e Ulrich Peters, diretor executivo da editora Schwabenverlag AG, e Christiane Neuen, da editora Patmos, também foram cativados pela ideia. Logo passaram a conceber um livro lindo.

Ao mesmo tempo, porém, as imagens devem também ser expostas num museu. Ficamos muito felizes quando Monika Jagfeld, curadora do Museum im Lagerhaus, da Stiftung für schweizerische Naive Kunst und Art Brut, em Sankt Gallen, aceitou o desafio. A realização da exposição fez com que este *Livro das Imagens* incluísse também as imagens da exposição. Portanto, este livro é, ao mesmo tempo, o catálogo da exposição.

Também em nome das duas outras organizadoras, Ruth Ammann e Ingrid Riedel, agradeço a todos os autores pela sua colaboração e suas contribuições, a Christiane Neuen e Ulrich Peters pela organização gráfica deste lindo tomo e à Fundação Susan Bach pelo generoso apoio financeiro. ✍

Em nome das organizadoras,

Verena Kast
Presidente da curadoria

NA TERRA DA IMAGINAÇÃO
A coleção C.G. Jung

Monika Jagfeld

O arquivo de imagens do Instituto C.G. Jung se abre

Pela primeira vez, a coleção de trabalhos artísticos de pacientes que C.G. Jung, o psiquiatra e fundador da Psicologia Analítica, reuniu, é apresentada ao público no Museum im Lagerhaus, em Sankt Gallen, na Suíça. Com essa exposição, o Instituto C.G. Jung Zurich, com sede em Küsnacht, apresenta esse tesouro a um público maior, por ocasião do 70º aniversário do Instituto C.G. Jung, que, em 2018, coincide com o 30º aniversário do Museum im Lagerhaus. A Coleção C.G. Jung consiste em cerca de 4.500 obras, predominantemente pinturas, mas também desenhos e bordados, criados entre 1917 e 1955[1]. Não conhecemos os nomes dos autores, e suas obras são organizadas segundo 105 números de casos. Algumas folhas já foram emprestadas a exposições, e uma seleção de mandalas foi exibida em 2012, no Oglethorpe University Museum of Art, em Atlanta, Georgia. Até agora, era impossível obter uma impressão geral da coleção. Só existem poucas coleções históricas desse tipo. Normalmente, trata-se de coleções criadas por médicos em instituições ou clínicas psiquiátricas. Na Suíça, temos, por exemplo, a *Coleção Morgenthaler* do museu de psiquiatria Bern/Waldau ou, na Alemanha, a *Coleção Prinzhorn* da clínica psiquiátrica da Universidade de Heidelberg. No primeiro caso, o psiquiatra Walter Morgenthaler colecionou os trabalhos artísticos de seus pacientes internados em Waldau. No segundo caso, as obras de instituições de toda a região de língua alemã foram enviadas a Hans Prinzhorn na clínica em Heidelberg, que, como médico e historiador da arte, realizou uma classificação científica da arte produzida pelos pacientes psiquiátricos (cf. Prinzhorn, 1922).

A Coleção C.G. Jung, porém, se diferencia em aspectos essenciais das coleções de arte históricas das instituições psiquiátricas. Em primeiro lugar, os pacientes de Jung não estavam internados, mas eram atendidos como pacientes particulares em sua clínica em Küsnacht, às margens do lago de Zurique, aberta em 1909. Consequentemente, as condições para o trabalho criativo e a aquisição de materiais já eram diferentes. Mas difere também o impulso para a atividade artística: o modo de trabalho dos pacientes nas instituições ocorria de forma individual e, geralmente, por impulso próprio, sem instrução ou incentivo terapêutico. Muitos trabalhos refletem o estado de emergência pessoal na instituição devido a incapacitação, confinamento, perda do espaço de vida e bens e perda de identidade. Aqui, a arte não servia à terapia, mas oferecia estratégias de sobrevivência e oportunidades para a formação de uma nova identidade adaptada à nova realidade de vida. Tudo isso não se aplica aos pacientes particulares de Jung. Suas obras não são reflexo de uma perda, mas expressão de uma exploração mais profunda do si-mesmo. Inseridos no cenário terapêutico e criados a partir do incentivo de Jung aos pacientes para formularem visualmente imagens e figuras internas, que, juntamente com ele, eram estudadas e analisadas, esses trabalhos são, sem dúvida alguma, parte de um processo terapêutico e não foram criados como arte independente. Mas só por isso deixam de ser arte?

No êxtase da mitologia

A Coleção C.G. Jung é singular e não pode ser comparada com nenhuma outra coleção de um psiquiatra de seu tempo. As obras apresentam antes semelhanças com as ilustrações de Jung em seu *Livro Vermelho*, no qual ele trabalhou durante 16 anos, entre 1914 e 1930. Esclarecedores são, portanto, também os comentários sobre o *Livro Vermelho*. O *Livro Vermelho* representa o núcleo dos experimentos de Jung em seu confronto com suas imagens e fantasias internas, que ele registrou primeiramente em seus diários, nos *Livros Negros*, e depois os transferiu caligraficamente para um livro com capa de couro vermelho, complementando-os com imagens pintadas e "materializadas". Nesse processo, ele se via não como artista, mas mais conectado com a alquimia, pois descobriu que seus sonhos e fantasias – assim como os sonhos e fantasias de seus pacientes – eram inundados por imagens mitológicas e continham motivos paralelos aos da alquimia. Ele negava tratar-se de arte; para ele, o inconsciente não era arte, era natureza.

> *As pessoas diziam: ele tem um temperamento artístico. Mas era apenas que meu inconsciente estava me dominando.*
> *Agora eu aprendo a representar seu drama como também o drama da vida exterior [...] (Jung, como citado em Shamdasani, 2009, p. 68).*

> *Disse a mim mesmo, "O que é isto que estou fazendo, certamente não é ciência, o que é?" Então uma voz me disse, "Isso é arte". Isso me causou a im-*

pressão mais estranha possível, porque não era de forma alguma minha impressão de que o que eu estava escrevendo fosse arte. Então, pensei o seguinte: "Talvez meu inconsciente esteja formando uma personalidade que não sou Eu, mas que insiste em se expressar". Não sei exatamente por que, mas tinha certeza de que a voz que disse que meus escritos eram arte tinha vindo de uma mulher. [...] Bem, disse então enfaticamente a essa voz que o que eu estava fazendo não era arte, e senti uma grande resistência crescer em mim. Nenhuma voz se fazia perceber, contudo, e continuei a escrever. De novo eu a apanhei e disse: "Não, não é", e senti como se uma discussão fosse se iniciar (Jung, como citado em Shamdasani, 2009, p. 19).

A ocupação de Jung com suas imagens e fantasias internas exigiu um confronto intenso com o inconsciente coletivo, que também resultou numa mudança em seu trabalho analítico. Ele encorajava os pacientes a se dedicarem a autoexperimentos semelhantes. Ele os instruía a praticarem a imaginação ativa e lhes mostrava como podiam permitir a emergência de imagens internas, provocar visões em estado desperto (Shamdasani, 2009, p. 66), travar diálogos internos e pintar suas fantasias. O paciente deveria tentar "entrar você mesmo no quadro – tornar-se um dos atores". Jung insistia: "Você deve estar mais nelas, ou seja, você deve ser seu próprio si-mesmo crítico consciente nelas – impondo seus julgamentos e críticas" (Jung, como citado em Shamdasani, 2009, p. 68).
Uma paciente se lembra:

> *Naqueles primeiros dias, quando eu comparecia para uma sessão de análise, muitas vezes, o Livro Vermelho se encontrava aberto num cavalete. O dr. Jung tinha pintado nele ou tinha acabado de completar uma imagem. Às vezes, ele me mostrava o que tinha feito e o comentava. [...] O mestre demonstrava assim à aluna que o desenvolvimento psíquico vale tempo e esforço (Keller, 1972, p. 11).*

Assim, as imagens da Coleção C.G. Jung "nos permitem vislumbrar o desenvolvimento do tratamento analítico e os símbolos desse processo. Além disso,

→

existem imagens e documentos que nos mostram o que os pacientes de Jung vivenciavam na terapia", escreve Vicente L. de Moura (cf. sua contribuição neste livro, p. 21).

O desejo de Jung era que os arquétipos fossem reconhecidos como tais. Para ele, o mandala era um dos melhores exemplos para a universalidade de um arquétipo (cf. a contribuição de Verena Kast neste livro, p. 68-108) e prova "de que as manifestações de seus pacientes e, especialmente, suas imagens de mandalas não se deviam simplesmente à sugestão" (Shamdasani, 2009, p. 81). Na exposição, o gabinete é dedicado ao mandala como símbolo do centro da personalidade, onde as imagens estão dispostas de modo a cercarem o contemplador – elas giram em torno dele e colocam seu si-mesmo no centro.

Localizações, temas

Além do mandala e dos símbolos relacionados a ele, chamam atenção outros motivos, que se repetem tanto no *Livro Vermelho* de Jung como nos trabalhos dos pacientes: a cobra, o sol, a luz, a água como água da vida jorrante (mas também como maremoto) ou, com a água, o navio (caso 010), a árvore da vida, espaços de transição, o ovo cósmico – e sempre de novo o ser humano. Encontramos representações cósmicas e visionárias ao lado de imagens de animais e paisagens, representações grotescas ao lado de cenas surreais e fantásticas. Para Jung, uma pessoa sem acesso ao mito pessoal "é, na verdade, um erradicado, que não tem contato verdadeiro nem com o passado, a vida dos ancestrais (que sempre vive em seu seio), nem com a sociedade humana do presente" (OC 5, p. 13). Assim, as imagens servem a um enraizamento e a uma localização. A exposição procura reunir seus temas de forma abrangente para evidenciar os paralelos temáticos em suas diferentes representações. As séries de imagens, que são discutidas extensamente neste livro, devem ser apresentadas de modo abrangente também na exposição, a fim de aprofundar o processo da imaginação ativa de forma exemplar.

"O sono da razão produz monstros", afirma o texto de uma imagem numa folha dos *Caprichos* (1799) de Francisco de Goya. A imaginação ativa também produz nos pacientes de Jung alguns seres estranhos e assustadores (casos 037, 050, 064 e 034 respectivamente), ou o inconsciente se apresenta na imagem como nuvem preta e ameaçadora (caso 105). Conflitos e angústias pessoais produzem demônios individuais. Nessas "mitologias subjetivas", muitas vezes, é a mulher que ocupa o centro. Seguindo as instruções de Jung de "entrar você mesmo no quadro – tornar-se um dos atores", evidentemente, essas folhas foram criadas por mulheres. Sexualidade e corpo, identidade sexual e corporal são importantes e outro tema central da exposição. Aqui se manifestam as oposições entre o terapeuta e analista Jung e seus pacientes que, em suas imagens, articulam ferimentos de forma concreta, enquanto Jung as transcende e transforma em representações arquetípicas. Perturbadoras são as representações da mulher presa, amarrada, crucificada (casos 026, 034, 056, 055), ameaçador é o simbolismo de violência no contexto sexual (p. ex., a extensa série do caso 105).

Uma folha do caso 064, presente no arquivo de imagens na forma de uma fotografia, representa o próprio processo analítico (064 CLAC): indefesa, a mulher está ajoelhada sobre um pano, diante dela, flutua um círculo mágico, cujos raios causam um buraco profundo no corpo da mulher. Mas o buraco apresenta os contornos de uma grande orelha receptora, que devolve raios para o círculo, que também pode ser interpretado como olho. A paciente escreveu "Análise" abaixo do desenho.

Em outro caso (041), a história vivenciada entre os anos 1939 e 1947 gera imagens de um inferno (cf. a contribuição de Ingrid Riedel neste livro, p. 68-108). Elas são testemunho do trauma de toda uma geração de guerra. Assim, a exposição transmite referências históricas e influências estéticas de C.G. Jung e características artísticas da *art nouveau* e do simbolismo. Alguns monstros sombrios lembram desenhos de Odilon Redon ou Alfred Kubin (caso 034), enquanto as séries 009 e 042 refletem a redução e a abstração do modernismo. Existiram também conexões entre o movimento dadaísta e o "Clube Psicológico" de Jung, fundado no mesmo ano (cf. a contribuição de Doris Lier sobre o caso 009

→

neste livro, p. 46). As folhas dos casos 004 e 026 se aproximam do surrealismo, e as representações do caso 067 remetem aos borrões de tinta de Hermann Rorschach, enquanto alguns desenhos de plantas refletem a estética das fotografias de Karl Blossfeldt (casos 012, 018). Evidentemente, a qualidade das obras varia de acordo com o talento dos pacientes, que, como artistas leigos, tentavam expressar visualmente as suas imaginações ativas. No entanto, a alta qualidade de alguns trabalhos é surpreendente. Poderíamos citar, além das obras já mencionadas, o conjunto de obras do caso 019, cujas visões esféricas e mandalas com seus traços entrelaçados são representados não só em aquarelas, mas também em bordados.

"A matéria-prima para a obra de uma vida inteira"

Para C.G. Jung, a criação do *Livro Vermelho* foi de importância central:

Os anos durante os quais me detive nessas imagens interiores constituíram a época mais importante da minha vida. Neles, todas as coisas essenciais se decidiram. [...] Toda a minha atividade posterior constituiu em elaborar o que jorrava do inconsciente naqueles anos e que inicialmente me inundara. Era a matéria-prima para a obra de uma vida inteira (Jung, 1984, p. 203).

Em outono de 2009, o *Livro Vermelho* de C.G. Jung foi exibido pela primeira vez em Nova York e publicado no mesmo ano como fac-símile. Em 2013, na bienal em Veneza, sua apresentação na exposição *Il Palazzo Enciclopedico* do curador Massimiliano Gioni causou furores. Agora, cinco anos depois, a Coleção C.G. Jung é apresentada pela primeira vez ao público no Museum im Lagerhaus, em Sankt Gallen, e é documentada neste livro, que também serve como catálogo da exposição. Enquanto o *Livro Vermelho* representava "a matéria-prima para a obra de uma vida inteira" para C.G. Jung, sua coleção deve ser vista como seu complemento e continuação. "Entendi que meus sonhos e minhas visões vieram até mim do subsolo do inconsciente coletivo. O que ficou para eu fazer agora era aprofundar e validar esta descoberta" (Jung, como citado em Shamdasani, 2009, p. 25) explicou Jung numa entrevista em 1952. A Coleção C.G. Jung disponibiliza um material extraordinário para novas descobertas. Como já o *Livro Vermelho*, ela surpreenderá o público e receberá uma atenção comparável. ✍

Nota

1. O arquivo de imagens contém quatro coleções, entre elas a coleção de Jolande Jacobi de trabalhos de pacientes com mais ou menos 6.000 obras; cf. o artigo de Vincente L. de Moura neste livro, p. 19.

TORNAR VISÍVEL O MUNDO INTERIOR
O arquivo de imagens e sua história

Vicente L. de Moura

O início do século passado na Europa era marcado por grandes mudanças. As mudanças políticas e culturais deixaram a sociedade em alvoroço, e a impressão de que uma nova era havia começado era onipresente. As novas descobertas, teorias e experimentos da ciência, como, por exemplo, a teoria da relatividade de Einstein ou o raio-X, traziam novas perspectivas, que questionavam a antiga ordem mundial. As pessoas acreditavam que, graças à ciência, tudo era possível. Mas mudanças desse tipo também trazem uma grande insegurança: estruturas tradicionais são questionadas, e na sociedade surgem tensões. O que até então era considerado certo e seguro, de repente, não vale mais (cf. Blom, 2008).

Foi nessa época que ocorreram também os experimentos com sonhos, visões e fantasias. As fronteiras entre literatura, arte e psicologia começavam a se dissolver, e a busca por maneiras novas de entender e moldar a sociedade era múltipla (Shamdasani, 2009). Foi em meio a esse ambiente de eclosão que C.G. Jung iniciou sua atividade como médico-assistente na clínica psiquiátrica do Burghölzli, em Zurique, uma das instituições mais renomadas da vanguarda psiquiátrica do seu tempo. Em retrospectiva, Jung descreve que, na cena psiquiátrica de então, dominava o materialismo científico, um tipo de dogma segundo o qual doenças psíquicas eram doenças cerebrais. A etiologia raramente levava em conta possíveis aspectos psíquicos (cf. OC 3, § 467).

Jung fazia experimentos e pesquisava sob a direção de Eugen Bleuler. Ele realizava experimentos de associação e, assim, conseguiu provar empiricamente que um nível externo à consciência exerce uma influência sobre o comportamento, ou seja, o inconsciente. Ele apresentou sua teoria dos complexos e seu trabalho lhe rendeu o reconhecimento como cientista. Mas as limitações dos processos estatísticos na psiquiatria o deixaram cada vez mais frustrado e, por isso, ele passou a voltar sua atenção para outros métodos terapêuticos. Nesse contexto, seu encontro com a ideia de Sigmund Freud foi importante, pois Jung acreditava que Freud traria a psicologia para a psiquiatria.

Os dois se conheceram em 1906 e começaram a desenvolver e propagar a psicanálise. Mas devido a conflitos teóricos e pessoais, a cooperação desses dois pioneiros foi encerrada em 1913. Na fase de desorientação subsequente, Jung percebeu que seu trabalho científico até então havia sido unilateral e – dentro do contexto do *Zeitgeist* dominante – só tinha levado em conta seu lado racional, sua utilidade e seu valor prático (cf. Shamdasani, 2009, p. 44).

Nos anos 1913 e 1914, Jung teve uma série de sonhos e visões sobre eventos catastróficos na Europa que ele não entendia. No início, ele acreditava estar à beira de um adoecimento psíquico. Mas quando irrompeu a Primeira Guerra Mundial, ele chegou à conclusão de que os sonhos e visões não diziam respeito a ele mesmo, mas que tinham sido prenúncios de um evento coletivo (cf. Shamdasani, 2009, p. 16). Jung não estava sozinho com suas premonições de uma catástrofe iminente na Europa. Pouco antes de 1914, profecias sobre uma guerra apocalíptica e obras sobre esse tema eram onipresentes na arte e na literatura (cf. Shamdasani, 2009, p. 17).

O desenvolvimento da imaginação ativa

Jung começou a fazer uma série de experimentos. Seu "experimento mais difícil" (cf. Jung, LN 2, p. 58, como citado em Shamdasani, 2009, p. 21), como ele mesmo dizia, foi seu experimento com suas fantasias e a tentativa de entender suas vivências. Ele se entregou a suas fantasias interiores, as documentou cuidadosamente e dialogou com suas figuras internas num tipo de jogo dramatúrgico na imaginação. Primeiro ele processou esse material de forma literária, transferiu os textos ao longo de anos para o chamado *Livro Vermelho* e os complementou com desenhos artísticos. Nesse contexto, é importante lembrar que os experimentos de Jung eram comparáveis a outros experimentos contemporâneos, por exemplo, com os experimentos de Herbert Silberer (1909), que fez pesquisas sobre o surgimento de imagens internas em estados de transe, ou com os experimentos de Ludwig Staudenmaier (2012), que fazia experimentos com a personificação de figuras internas. (Jung conhecia e citou os experimentos de Silberer em suas publicações.) Como mencionei acima, no início do século XX, tais experimentos eram comuns (cf. Shamdasani, 2009, p. 21). Essa interação com o mundo interior permitiu que Jung encontrasse uma saída do labirinto das imagens inconscientes. Ele descobriu que o confronto com seu mundo interior e sua expressão criativa o ajudavam. Mais tarde, esse processo se tornou parte importante de seu método. Ele o chamou de imaginação ativa.

Jung começa a trabalhar com imagens

A partir de 1916, Jung encorajou seus pacientes a entrarem em diálogo com suas figuras internas, com as personificações dos complexos psíquicos. Mais tarde, ele os motivou a expressar sonhos, vivências ou imaginações ativas de forma criativa através de desenhos, pinturas, bordados, esculturas, danças etc. Ele observou que isso oferecia aos pacientes uma maneira de processarem suas vivências psíquicas e, assim, integrarem conflitos e elementos de seu mundo interno – um caminho de não permanecerem separados de si mesmos.

Os pacientes contavam a Jung suas fantasias e seus sonhos e lhe mostravam seus desenhos. Jung os analisava e apoiava os pacientes em seus diálogos internos. Já que Jung não queria que seus pacientes voltassem para casa sem seus desenhos, alguns deles lhe entregavam cópias feitas a mão, o que permitiu que ele os estudasse mais a fundo (cf. OC 18/1, § 413). Assim, aos poucos, surgiu uma coleção de imagens e de comentários dos pacientes sobre seus desenhos elaborados durante seus trabalhos com Jung.

Jolande Jacobi cria a base para o arquivo de imagens atual

No final da década de 1950, Jolande Jacobi começou a organizar as imagens sistematicamente – uma tarefa nada fácil. Por causa de sua heterogeneidade, era difícil organizar a coleção de imagens, indubitavelmente muito valiosa. Jacobi sugeriu definir primeiro o propósito da coleção e os critérios para a seleção das imagens (cf. Jacobi, 1956). Ela organizou um arquivo para identificar as imagens segundo seus motivos e simbolismo. Mais tarde, o material foi subdividido em quatro coleções: a primeira coleção inclui cerca de 4.500 imagens dos pacientes de Jung e dos pacientes de um pequeno grupo de analistas (50 casos no total). A segunda coleção contém as imagens dos pacientes de Jacobi (mais ou menos 6.000 imagens); e a terceira, pinturas e esculturas com motivos arquetípicos (hoje, essa coleção faz parte de ARAS – The Archive for

→

IMAGEM 1 • Anônimo, sem título, sem data
Aquarela sobre papel, 20 × 14cm
Arquivo de imagens Instituto C.G. Jung Zurique, Küsnacht, 006 AFAI

TORNAR VISÍVEL O MUNDO INTERIOR – O ARQUIVO DE IMAGENS E SUA HISTÓRIA

Research in Archetypal Symbolism). A quarta coleção consiste em fotografias da *Coleção Eranos* – uma coleção fundada por Olga Frobe-Kapteyn, que organizou as conferências *Eranos* em Ascona, na Suíça, a partir da década de 1930 – e contém fotografias em preto e branco de motivos arquetípicos da alquimia, arte e antiguidade.

Em seus últimos anos de vida, Jung doou a coleção ao Instituto C.G. Jung. Assim, o arquivo se transformou em local de ensino e pesquisa para os interessados e para os estudantes da psicologia junguiana. Depois de Jacobi, muitos outros analistas contribuíram para a organização do arquivo de imagens. Além de suas tarefas principais como ensino e pesquisa, os curadores do instituto também garantiram a conservação adequada das imagens. Além disso, existem, em alguns casos, informações de relevância pessoal de diferentes fontes; Jung não nos deixou anotações sistemáticas sobre seus pacientes. Essas informações são muito enriquecedoras, pois mostram o contexto do trabalho terapêutico de Jung. Dessa forma, evidencia-se em muitos casos o *Temenos* – o espaço sagrado – em que as imagens foram criadas e assim podemos entender qual foi seu objetivo original.

Nas décadas de 1980 e 1990, a coleção foi reorganizada sistematicamente por Michel Eduards com o apoio de Cecilia Rost. Eles classificaram os casos de Jung, com datação (quando existia), deram a cada imagem um número de identificação e verbetes/termos para facilitar a busca. Além disso, Eduards começou a registrar eletronicamente as informações sobre as imagens e a fotografá-las e transformá-las em slides – com a intenção de preservar o material e de esclarecer o pano de fundo histórico. O último desenvolvimento no arquivo de imagens foi sua digitalização, o que facilitou seu manuseio e o acesso a ele.

O arquivo de imagens mostra a história de muitos confrontos com o inconsciente. É a maior e mais importante coleção de imagens e comentários dos pacientes de Jung sobre suas imagens. O estudo dessas imagens nos dá uma noção de como o próprio Jung via as imagens. Elas nos permitem vislumbrar o desenvolvimento do tratamento analítico e os símbolos desse processo. Além disso, existem imagens e documentos que nos mostram o que os pacientes vivenciavam na terapia. Como exemplo, quero apresentar uma imagem que, a meu ver, é muito esclarecedora.

O trabalho terapêutico com imagens – um exemplo

Na década de 1930, Jung tratou uma holandesa nascida no Extremo Oriente. Em 1957, seu caso foi publicado por Rene J. van Helsdingen em *Beelden uit het Onbewuste*. Quando ela iniciou seu tratamento com Jung, ela sofria transtornos de ansiedade e a expressão através de desenhos lhe trouxe alívio. No prefácio ao livro acima mencionado, Jung escreveu:

> *Os quadros são artísticos no sentido positivo e, por isso, de uma expressão incomum. Comunicam ao espectador seu conteúdo aterrador e demoníaco, convencendo-o do pavor de um submundo fantástico. [...] Os quadros não só retratam aquela fase do tratamento que trouxe à consciência os conteúdos da neurose, mas foram um instrumento do tratamento, reduzindo a um denominador comum e fixando as imagens semiconscientes ou inconscientes que flutuavam vagamente em sua mente. [...] O efeito terapêutico dessa técnica consiste em induzir a consciência a colaborar com o inconsciente, sendo este assim integrado na consciência. Dessa forma, a dissociação neurótica vai sendo aos poucos anulada (OC 18/2, § 1252, 1254).*

Nessa citação, Jung alude ao fundamento de seu entendimento terapêutico no trabalho com imagens. A paciente descreve como, nesse quadro, ela mostrou a Jung as partes subdesenvolvidas de sua personalidade, representadas ao redor dela (imagem 2). Ela ficou chocada ao perceber que o quadro revelava sua desarmonia em si mesma.

O quadro mostra também outros elementos do tratamento, por exemplo, como a paciente possivelmente vivenciava as intervenções de Jung na análise e também aspectos da transferência. É importante ressaltar aqui a palavra "possivelmente", pois cada interpretação é uma hipótese. No centro do quadro vemos a paciente, que contempla suas

→

IMAGEM 2 • Anônimo, sem título, sem data
Carvão sobre papel, 58,5 × 53,5cm
Arquivo de imagens Instituto C.G. Jung Zurique, Küsnacht, 034 BHAW

figuras internas, i.e., seus complexos. Jung está atrás da paciente e a segura. Sua postura pode ser interpretada como apoio, mas também como exigência de confronto. O confronto consigo mesmo é um aspecto central no trabalho analítico e, não raramente, resulta em certa tristeza, como podemos ver na expressão facial da paciente. A postura de Jung parece dizer: "Olhe para isso! É isso que você é!".

Jung é a fonte de luz na imagem – um indício do elemento de transferência dessa paciente, da projeção de uma figura sobre-humana sobre Jung, de uma "personalidade maná", que clareia a escuridão. A projeção de uma figura arquetípica sobre o terapeuta pode ocorrer frequentemente como elemento da análise. A imagem mostra claramente como essa paciente vivenciou isso. Um indício de que, para essa paciente, Jung também apresentava um elemento de "*trickster*", i.e., um elemento lúdico e astuto. O elemento é a "raposa" na testa de Jung.

Van Helsdingen descreve como a paciente foi confrontada com sua imaturidade, como ela teve que reconhecer que ela tinha negligenciado sua vida interior e como muitas partes de sua personalidade estavam subdesenvolvidas. Os diferentes complexos são representados nas seguintes imagens: o cadáver de uma bruxa, cujos olhos são devorados por uma águia bicéfala; a prostituta, que é violentada por um porco; a mãe das múmias (nome dado a essa figura pela própria paciente); o servo submisso e o tigre morto. A descrição e interpretação desses símbolos ultrapassaria os limites deste artigo, mas sua representação visual nos oferece uma visão singular da vida interior dessa paciente. O efeito terapêutico da expressão artística e da discussão sobre essas imagens no contexto de uma relação terapêutica é evidente também aqui e mostra o efeito do método de Jung. Em seus livros, Jung escreve que a psique, o mundo interior, é real e que sua realidade se torna visível em imagens. Isso nos mostra como é importante levar as imagens a sério, buscar o confronto com elas e considerar suas mensagens.

Essas e muitas outras imagens podem ser contempladas no arquivo de imagens. Os primeiros desenhos datam de 1917, da época em que Jung ainda estava imerso em seu autoexperimento da imaginação. Muitos outros quadros foram criados ao longo de mais de 40 anos. O objetivo principal do arquivo é apoiar o estudo da interpretação de imagens e do simbolismo arquetípico.

O que começou como experimento transformou-se em método de terapia, em um método que nos ajuda a conhecer o mundo interior. Sob esse ponto de vista, o arquivo de imagens é o resultado do confronto de Jung com suas fantasias e, agora, torna visível o mundo interior de modo criativo. As imagens são testemunho de um método eficaz para tratar conflitos psíquicos. No arquivo de imagens, podemos aprender, pesquisar e nos inspirar e vivenciar a história da Psicologia Analítica.

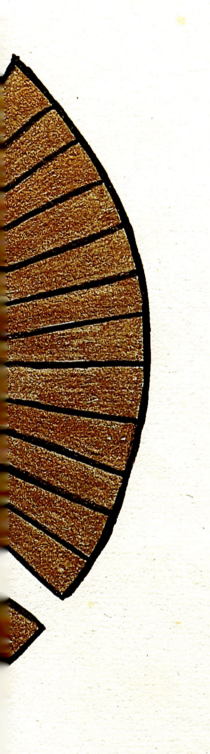

Catálogo:
A BUSCA POR IMAGENS INTERNAS

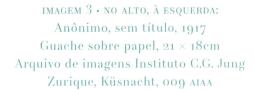

imagem 3 • no alto, à esquerda:
Anônimo, sem título, 1917
Guache sobre papel, 21 × 18cm
Arquivo de imagens Instituto C.G. Jung
Zurique, Küsnacht, 009 aiaa

imagem 5 • embaixo, à esquerda:
Anônimo, sem título, 1917
Guache sobre papel, 21 × 18cm
Arquivo de imagens Instituto C.G. Jung
Zurique, Küsnacht, 009 aiad

imagem 4 • no alto, à direita:
Anônimo, sem título, 1917
Guache sobre papel, 21 × 18cm
Arquivo de imagens Instituto C.G. Jung
Zurique, Küsnacht, 009 aiab

imagem 6 • embaixo, à direita:
Anônimo, sem título, 1917
Guache sobre papel, 21 × 18cm
Arquivo de imagens Instituto C.G. Jung
Zurique, Küsnacht, 009 aiaf

catálogo: a busca por imagens internas

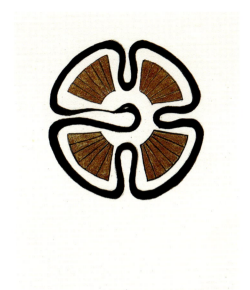

IMAGEM 7 • NO ALTO, À ESQUERDA:
Anônimo, sem título, 1917
Guache sobre papel, 21 × 18cm
Arquivo de imagens Instituto C.G. Jung
Zurique, Küsnacht, 009 AIAG

IMAGEM 8 • NO ALTO, À DIREITA:
Anônimo, sem título, 1917
Guache sobre papel, 21 × 18cm
Arquivo de imagens Instituto C.G. Jung
Zurique, Küsnacht, 009 AIAI

IMAGEM 9 • EMBAIXO, À ESQUERDA:
Anônimo, sem título, 1917
Guache sobre papel, 21 × 18cm
Arquivo de imagens Instituto C.G. Jung
Zurique, Küsnacht, 009 AIAJ

IMAGEM 10 • EMBAIXO, À DIREITA:
Anônimo, sem título, 1917
Guache sobre papel, 21 × 18cm
Arquivo de imagens Instituto C.G. Jung
Zurique, Küsnacht, 009 AIAK

IMAGEM 11 • Anônimo, sem título, 1917
Guache sobre papel, 21 × 18cm
Arquivo de imagens Instituto C.G. Jung Zurique, Küsnacht, 009 AIAL

SÉRIE SUPERIOR: cf. imagens 26, 27, 28 e 29 no artigo de Doris Lier, p. 42.

SÉRIE CENTRAL: cf. imagens 24, 30 e 33 no artigo de Doris Lier, p. 43.

SÉRIE INFERIOR: cf. imagens 25, 31, 32 e 34 no artigo de Doris Lier, p. 43.

IMAGEM 12 • Anônimo, sem título, 1917
Guache sobre papel, 44 × 30,5cm
Arquivo de imagens Instituto C.G. Jung Zurique, Küsnacht, 009 AIAR

IMAGEM 13 • Anônimo, sem título, 1917
Guache sobre papel, 44 × 30,5cm
Arquivo de imagens Instituto C.G. Jung Zurique, Küsnacht, 009 AIAU

IMAGEM 14 • Anônimo, sem título, 1918
Guache sobre papel, 44 × 30,5cm
Arquivo de imagens Instituto C.G. Jung Zurique, Küsnacht, 009 AIAV

IMAGEM 15 • Anônimo, sem título, 1919
Guache sobre papel, 44 × 30,5cm
Arquivo de imagens Instituto C.G. Jung Zurique, Küsnacht, 009 AIBD

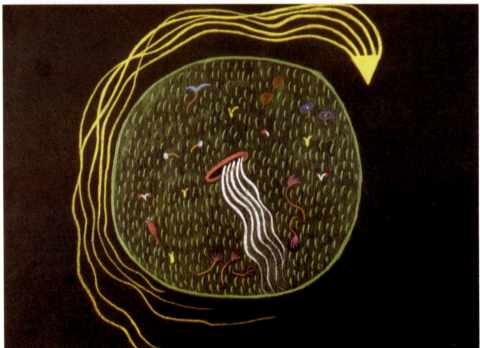

IMAGEM 16 • NO ALTO:
Anônimo, *O milagre*, sem data
Lápis de cor sobre papel preto, 31,5 × 46,5cm
Arquivo de imagens Instituto C.G. Jung
Zurique, Küsnacht, 042 BPAM

IMAGEM 17 • EMBAIXO:
Anônimo, *Anseio por Deus*, sem data
Lápis de cor sobre papel preto, 31,5 × 46,5cm
Arquivo de imagens Instituto C.G. Jung
Zurique, Küsnacht, 042 BPBA

IMAGEM 18 • Anônimo, *Retrato*, sem data
Lápis de cor sobre papel preto, 46,5 × 31,5cm
Arquivo de imagens Instituto C.G. Jung Zurique, Küsnacht, 042 BPAO

IMAGEM 19 • Anônimo, *Anseio por Deus*, sem data
Lápis de cor sobre papel preto, 46,5 × 31,5cm
Arquivo de imagens Instituto C.G. Jung Zurique, Küsnacht, 042 BPAU

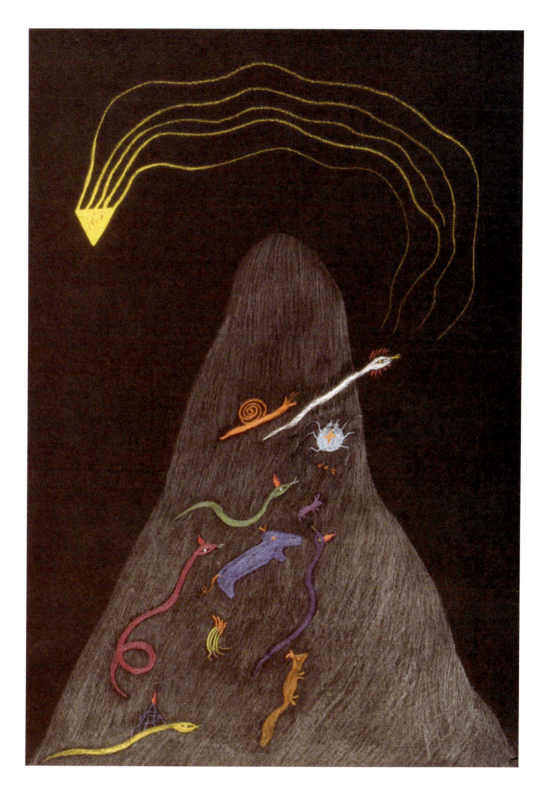

IMAGEM 20 • Anônimo, *O despertar*, sem data
Lápis de cor sobre papel preto, 46,5 × 31,5cm
Arquivo de imagens Instituto C.G. Jung Zurique, Küsnacht, 042 BPBB

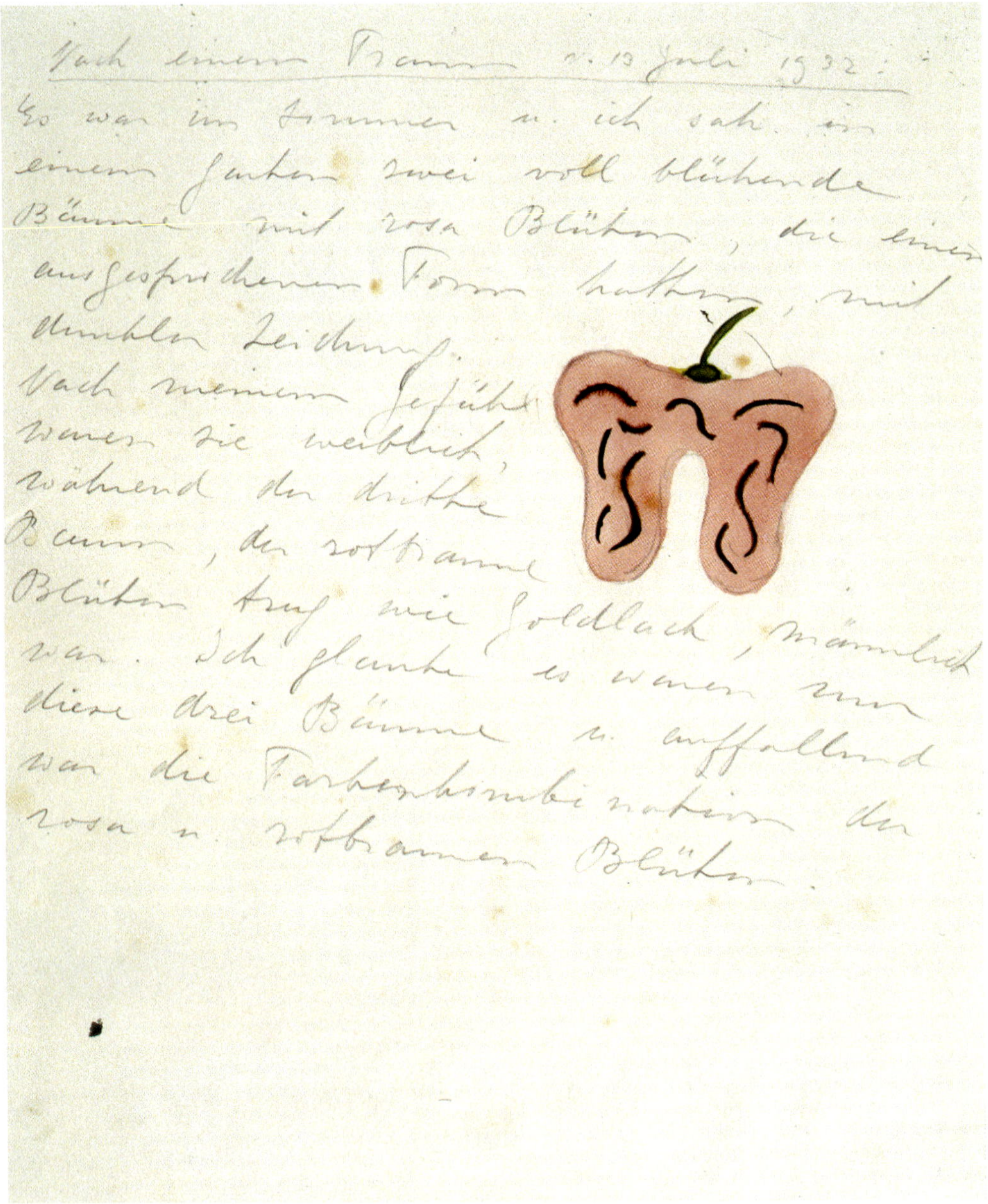

Nach einem Traum v. 13 Juli 1932:
Es war im Sommer u. ich sah in einem Garten zwei voll blühende Bäume mit rosa Blüten, die einer ausgesprochenen Form hatten, mit dunkler Zeichnung.
Nach meinem Gefühl waren sie weiblich, während der dritte Baum, der rotbraune Blüten trug wie Goldlack, männlich war. Ich glaube es waren nur diese drei Bäume u. auffallend war die Farbenkombination der rosa u. rotbraunen Blüten.

IMAGEM 21 • Anônimo, *Depois de um sonho*, 13 de julho de 1932
Guache e tinta sobre papel, 25 × 20cm
Arquivo de imagens Instituto C.G. Jung Zurique, Küsnacht, 020 ATAK

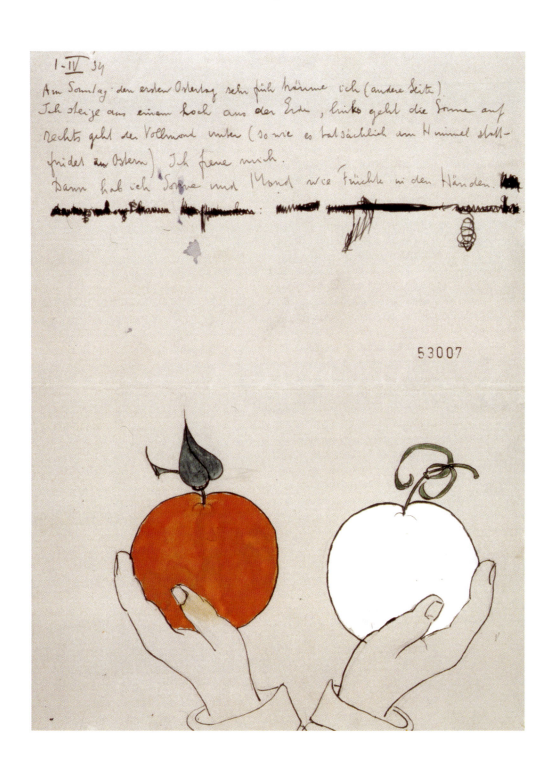

IMAGEM 22 • Anônimo, sem título, 1 de abril de 1934
Guache e tinta sobre papel, 21 × 14cm
Arquivo de imagens Instituto C.G. Jung Zurique, Küsnacht, 053 CAAD

IMAGEM 23 • Anônimo, *Um dia igual a todos*, 20 de novembro de 1938
Guache sobre papel, 26,5 × 14,5cm
Arquivo de imagens Instituto C.G. Jung Zurique, Küsnacht, 077 CYCB

DO ABSURDO AO SENTIDO PRIMORDIAL
Ecos dadaístas no arquivo de imagens

Doris Lier

As imagens

O arquivo de imagens do Instituto C.G. Jung contém uma série de imagens que só foi publicada em partes e cujos quadros foram pintados por uma mulher nos anos 1917 e 1918/1919 e entre 1928 e 1929[1]. Essas pinturas fazem parte das imagens mais antigas do arquivo. Ao todo, são 32 folhas de tamanhos diferentes; a artista é descrita como analisanda de C.G. Jung. Quinze folhas são apresentadas numa capa separada como: "Imagens / de 22 de maio / de 1917 / PARA / AQUELE QUE / AS CHAMOU / PARA A / LUZ /". À direita, na margem inferior das quinze imagens, encontramos os algarismos romanos I – XV[2].

Além das pinturas de 22 de maio, há ainda três outras imagens sem algarismos romanos, mas que só informam o ano "1917". Uma imagem individual, que também data de 1917, traz o número VIII. Outra folha traz a anotação "1917 ou 18" – aparentemente ela não pôde ser classificada claramente; sua datação parece ter ocorrido posteriormente. Sete folhas adicionais trazem a informação "IX 1918", "II 1919", "IV 1919" e "V 1919" na parte inferior, sendo que "V 1919" aparece em três imagens diferentes[3]. As imagens de 22 de maio formam uma unidade, mas a datação e a sequência das imagens seguintes levantam algumas perguntas, e algumas imagens parecem faltar.

Nove anos depois, começando com a folha "IV 1928", a artista parece iniciar uma nova série, mas, agora, só faz quatro pinturas (é possível também que só quatro tenham sido preservadas). A terceira imagem informa a data exata: "4 de novembro de 1928", a última, somente o ano 1929. Muito provavelmente, os números e as datações foram anotados pela própria artista[4].

Este é o inventário. Mas o que mostram as imagens?

Os temas e o estilo das imagens

A série parcial de 22 de maio de 1917 com 15 pinturas pode ser dividida em quatro sequências sob o ponto de vista formal e de seu conteúdo. A primeira sequência, com quatro imagens, mostra uma figurinha estarrecida, sem pernas e pés, semelhante a um fetiche[5].

Seguem, numa segunda sequência, quatro folhas com um mandala em cada, centralizado interna ou externamente por uma cobra[6]. A sequência seguinte, com três imagens, é completamente dominada pela cobra, que, agora, se desprendeu do mandala e se movimenta livremente. A última sequência, com quatro folhas, mostra um tipo de planta que se transforma em árvore com quatro galhos ou braços, que, como uma árvore da vida, nasce da cobra, depois se ergue sobre uma esfera que flutua na água, é ameaçada por

A série de 22 de maio de 1917

DO ABSURDO AO SENTIDO PRIMORDIAL — ECOS DADAÍSTAS NO ARQUIVO DE IMAGENS

A série de 1917 até 1919

A série tardia de 1928/1929

DO ABSURDO AO SENTIDO PRIMORDIAL — ECOS DADAÍSTAS NO ARQUIVO DE IMAGENS

cobras d'água na imagem seguinte e, finalmente, já fortalecida, derrota as cobras d'água.

Todos os desenhos são altamente estilizados, sendo que a vivacidade formal e cromática aumenta constantemente. Sete das quinze imagens mostram uma cabeça em forma de máscara, primeiro como cabeça das quatro figurinhas, depois como cabeça da cobra. A máscara é sempre cônica, sendo que a parte mais estreita se encontra embaixo. Em todas as imagens, a máscara tem somente olhos e boca, falta o nariz. Quatro vezes, ela veste um adorno em forma de leque, o que lhe concede certa dignidade. As doze folhas de 1917-1919 retomam o motivo da figurinha fetichista e da máscara. Novamente, a máscara apresenta um adorno, que agora apresenta formas diferentes. Quatro vezes ela aparece sem corpo, duas vezes em estado flutuante, uma vez inserida num contexto alveolar e uma vez como centro de um pano de fundo retangular preenchido com outras máscaras minúsculas. Nem sempre a máscara apresenta um rosto. A cabeça da figurinha é sempre a máscara. Ao contrário da série de maio, em que a figurinha sempre ocorre num espaço vazio, agora ela é inserida num contexto pictórico e, nas imagens de 1918/1919, ela possui também braços, mãos e – uma vez – pés. Ela é enrolada por uma cobra, é perfurada por fragmentos de madeira, se ergue entre semicírculos do sol, estende os braços numa roda, se ergue sobre uma esfera azul ou surge de uma esfera marrom.

A série tardia de 1928/1929, que consiste em apenas quatro imagens, retoma mais uma vez a máscara e as figurinhas, mas agora predomina a cor cinza-claro, o que confere certa palidez às pinturas. A última figura é especialmente notável: agora, ela é apenas corpo estilizado, preenchido com elementos cubistas e está sem máscara. O que chama atenção são dois pés pretos, como se a figurinha quisesse sair de cena. Os pezinhos já tinham se anunciado em 1919: na imagem em que a figurinha se ergue sobre a esfera azul. O que chama atenção em todas as imagens é a estilização e os símbolos clássicos junguianos do círculo, da esfera, da roda, da cobra, do sol e da água. Isso nos remete quase que automaticamente ao *Livro Vermelho*, que contém motivos semelhantes pintados por Jung. Chama atenção também a ocorrência frequente da máscara arcaica. Ela aparece 22 vezes nas 32 imagens, o que sugere que a máscara é muito significativa para a analisanda (imagem 24).

Máscaras não ocorrem no *Livro Vermelho*. E se ocorrem, elas são totalmente diferentes (cf. LV, p. 61, 115, 122, 135). Muito provavelmente, as máscaras da artista são inspiradas pelo dadaísmo e por culturas arcaicas. O movimento dadaísta, que foi fundado em 1916 em Zurique, foi muito discutido na cidade entre 1917 e 1919, época principal de criação das imagens. Abaixo, explicarei sucintamente seu objetivo e sua relação com a Psicologia Analítica.

→

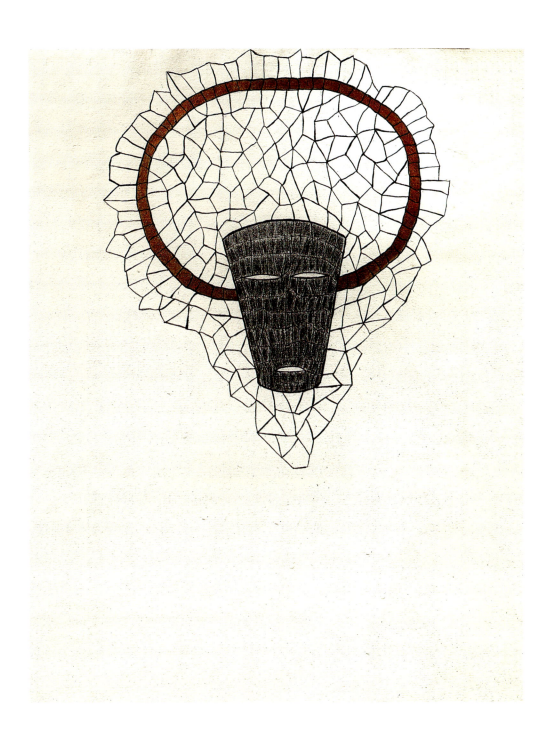

IMAGEM 24 • Anônimo, sem título, 1917
Guache sobre papel, 44 × 30,5cm
Arquivo de imagens Instituto C.G. Jung Zurique, Küsnacht, 009 AIAT

Dada como destruição dos valores

Richard Huelsenbeck, um dos fundadores, explicou os objetivos do dadaísmo por ocasião da inauguração do Cabaret Voltaire, na Spiegelgasse, em Zurique: "Queremos mudar o mundo com nada, queremos mudar a poesia e a pintura com nada e queremos encerrar a guerra com nada". Então, como relata H.M. Compagnon, editor do Almanaque Dadá, "homens e mulheres adultos se vestiram com bizarros rolos de papelão, emitiram sons primordiais, pularam por aí como máquinas e, do fundo do coração, proclamaram absurdos" (Puff-Trojan & Compagnon, 2016, p. 127).

Os membros do dadaísmo estavam determinados a criar obras de arte insanas sem sentido e apresentá-las no Cabaret Voltaire. No entanto, como já citamos, não *out of the blue* nem como *l'art pour l'art*. Eles levavam seu protesto contra qualquer tipo de sentido extremamente a sério: com meios artísticos e pacíficos, eles queriam travar guerra contra a guerra. Estamos no meio da terrível Primeira Guerra Mundial, e em Zurique – refúgio de muitos artistas e intelectuais – os dadaístas pretendem criar arte exilada, arte como protesto contra valores, pois, assim acreditam, valores fundamentam cada guerra.

Os principais fundadores do Cabaret Voltaire foram Hugo Ball e Emmy Hennings, da Alemanha. Seus companheiros e correligionários mais famosos: Tristan Tzara e Marcel Janco, da Romênia, Richard Huelsenbeck, da Alemanha, Hans Arp, da Alsácia e – pouco tempo depois – a suíça Sophie Taeuber.

Eles faziam experimentos barulhentos com o "nada", em escrita e arte plástica, com materiais, estilos e formas diferentes. Tristan Tzara redigiu um manual para uma poesia dadaísta. Este dizia que palavras deveriam ser recortadas do jornal e colocadas numa sacola, que então esta deveria ser sacudida. Depois as palavras deveriam ser retiradas e juntadas aleatoriamente.

Dessa forma, eles criaram imagens-textos, poesias compostas de sons e poesias simultâneas.

Jung e Dada – uma aliança infeliz?

As explicações acima evidenciam: Jung e Dada não combinam. Dada representa o absurdo, a negação sistemática de sentido. Jung procura imagens arquetípicas e, com elas, pelo sentido de estados anímicos, por mais confusos que aparentam ser (cf. OC 9/1, § 16, 66). O movimento dadaísta busca alívio para o sofrimento da Primeira Guerra Mundial por meio da destruição artística de valores. Jung busca valores originais em formas de representação dadas *a priori*, que estruturam as imagens anímicas (cf. OC 9/1, § 155). Jung não conseguia ver nada de positivo no movimento dadaísta[7]. Muitos dadaístas, porém, encontraram – e aqui se mostram as primeiras conexões – em Jung (e Freud) fontes de inspiração para sua arte nova[8]. Isso não surpreende. Pois: onde, senão no inconsciente, se escondem as imaginações capazes de levar os valores ao absurdo? E como, senão por meio da "associação livre", o inconsciente pode fornecer coisas irracionais e absurdas?

A relação entre Dada e Jung parece ter sido uma via de mão única. Como tudo indica, os dadaístas instrumentalizaram Jung e Freud para enriquecer sua negação de valores com ideias bizarras do inconsciente. Mas a proximidade anímica entre Dada e Jung é mais íntima do que aparenta à primeira vista. Existem coincidências temporais: na cidade velha de Zurique, o movimento dadaísta foi fundado em fevereiro de 1916, pouco tempo depois da fundação do "Clube Psicológico", na Gemeindestrasse, num endereço muito próximo. Isso poderia ser acaso e não significar nada, mas existem provas claras de que "os eventos do Clube Psicológico e do Dada em Zurique compartilhavam seu público com frequência" (Zuch, 2004, p. 219s.). Os analistas junguianos tinham amigos entre os dadaístas, e Erika Schlegel, bibliotecária do Clube Psicológico, até chegou a se apresentar no Cabaret Voltaire juntamente com sua irmã Sophie Taeuber. E o próprio Jung fala de pacientes que "não desenhavam, mas dançavam mandalas" (Zuch, 2004, p. 263).

→

Dada como anseio pela origem

Visto de perto, Dada não era simplesmente protesto. As *soirées negres*, as apresentações tumultuosas no Cabaret Voltaire, criticavam principalmente os valores europeus. Com tambores e danças mascaradas da África, Austrália, Oceania e América Latina tudo que cheirava a burguesia era atacado. A originalidade de culturas arcaicas era o principal portador de esperança[9]. O objetivo de reavivar valores originais e de desenvolver novas formas de linguagem se fundamentava na ideia do "de volta à origem". "Jolifanto bambla o falli bambla" – isso não é apenas absurdo, mas lembra ritmos africanos. O poema intitulado de *Caravana* foi recitado e repetido por Hugo Ball – vestindo a famosa fantasia de bispo cubista – no Cabaret Voltaire por tanto tempo que "ele teve que ser retirado do palco como que em transe" (Burmeister et al., 2016, p. 10). O aspecto lúdico era apenas fingido, ele escondia, inicialmente talvez ainda de forma oculta, uma utopia de regressão.

Sophie Taeuber e Hans Arp como representantes do dadaísmo místico

Sophie Taeuber e Hans Arp exerciam um papel importante no dadaísmo de Zurique. Eles se conheciam pelo menos desde 1916 através do Cabaret Voltaire e desenvolveram um vínculo artístico próximo desde o início (cf. Zuch, 2004, p. 264s.). A pintora, escultora, arquiteta e dançarina nascida em 1889 preferia elementos geométricos arcaicos, que ela repassava e desenvolvia com Hans Arp. Em 1918, ela criou a primeira de suas famosas "Cabeças Dada". Ela se inspirava na nação indígena dos Hopis, onde as máscaras exerciam uma função importante[10].

Desde 1908, Hans Arp buscava novas formas de representação. Em 1908, ele escreve que tinha se retirado para a solidão "para 'lutar com a arte abstrata como Jacó lutou com o anjo' e, ao mesmo tempo, se livrar de sua formação acadêmica" (Arp, 1955, como citado em Zuch, 2004, p. 217). Ele chamou suas criações de "mandalas", "ovais em movimento" ou "umbigo" (Zuch, 2004, p. 250). Em 1916, Hugo Ball menciona "a paixão de Arp pelo círculo e pelo cubo", pela simplicidade e clareza formal, "por aquilo que permanece intocado pela civilização europeia" (Zuch, 2004, p. 249s.). Três anos depois, Arp e Taeuber leram obras de C.G. Jung no sanatório em Arosa, na Suíça (Zuch, 2004, p. 222).

A série de imagens: aproximação a uma interpretação geral

"Para / aquele que / as chamou / para a / luz". A quem se dirige essa dedicatória dos quinze primeiros desenhos? O simbolismo das imagens, que aparece também no *Livro Vermelho*, nos leva a suspeitar que o destinatário seja C.G. Jung. Foi ele que apresentou aos pacientes seus experimentos com aquilo que ele começava a corroborar como inconsciente coletivo naquele tempo e os instruiu "a fazer o mesmo". Foi também ele que ofereceu "supervisioná-los ao fazerem experimentos com sua própria torrente de imagens" (Shamdasani, 2009, p. 68). Podemos supor que a analisanda de Jung aceitou o convite. Poderíamos dizer que ela tentou se apropriar do desejo daquele que tinha chamado para a luz as imagens dela. Talvez seja essa a razão pela qual a máscara apresenta um bigode em três das imagens, por exemplo, na imagem 25.

IMAGEM 25 • Anônimo, sem título, 1928
Guache sobre papel, 44 × 30,5cm
Arquivo de imagens Instituto C.G. Jung Zurique, Küsnacht, 009 AIB F

Uma interpretação precisa levar em conta o paralelismo estreito com Jung. As imagens não podem ser vistas apenas ou simplesmente como manifestações espontâneas do inconsciente coletivo. Elas são expressão de um intenso processo de transferência e da adoção do caminho de cura oferecido por Jung.

As quatro últimas imagens da série de 22 de maio apresentam um forte simbolismo clássico da individuação: nasce uma planta delicada, recebe terra e água, então é ameaçada pela água até que, fortalecida, ela consegue subjugar as cobras d'água (imagens 26-29).

→

IMAGEM 26 • NO ALTO, À ESQUERDA:
Anônimo, sem título, 1917
Guache sobre papel, 21 × 18cm
Arquivo de imagens Instituto C.G. Jung
Zurique, Küsnacht, 009 A1AM

IMAGEM 27 • NO ALTO, À DIREITA:
Anônimo, sem título, 1917
Guache sobre papel, 21 × 18cm
Arquivo de imagens Instituto C.G. Jung
Zurique, Küsnacht, 009 A1AN

IMAGEM 28 • EMBAIXO, À ESQUERDA:
Anônimo, sem título, 1917
Guache sobre papel, 21 × 18cm
Arquivo de imagens Instituto C.G. Jung
Zurique, Küsnacht, 009 A1AO

IMAGEM 29 • EMBAIXO, À DIREITA:
Anônimo, sem título, 1917
Guache sobre papel, 21 × 18cm
Arquivo de imagens Instituto C.G. Jung
Zurique, Küsnacht, 009 A1AP

Já que todas as quinze imagens foram feitas num único dia, não devemos supor que a artista tenha percorrido o respectivo trajeto de individuação em algumas horas. Esse desenvolvimento deve ter ocorrido anteriormente; mas talvez o tema tenha sido emprestado em grande parte. Ele traz à mente representações alquímicas, que se tornaram cada vez mais importantes para Jung após sua ruptura com Freud e que lhe serviam como modelo para o processo de individuação[11].

Este seria o paralelismo com Jung nessas quinze imagens. A figura arcaica, principalmente a cabeça em forma de máscara, pode ser interpretada como aproximação ao movimento dadaísta, que procurava nas esculturas arcaicas não europeias não só o nada, mas formas e valores originais e, nelas, um novo começo. Também a redução formal dos desenhos ao mínimo parece ter sido inspirada pelo dadaísmo, principalmente por Sophie Taeuber e Hans Arp. O anseio pela origem é o elo entre Dada, Jung e a artista[12].

A meu ver, as imagens não devem ser vistas simplesmente como manifestações espontâneas do inconsciente coletivo, mas principalmente como produtos de transferências. Não há dúvida de que o pano de fundo tenha sido um sofrimento pessoal. Isso é inegável em algumas das imagens criadas entre 1917 e 1919: a figurinha, que nunca abandona sua estilização, é representada em sofrimento e esperança, em ferimento mortal e ressurreição, provavelmente, a paciente se via dividida entre estados extremos, entre questionamentos dolorosos e sentimentos de ressurreição, sendo que, por volta de 1919, a esperança parece aumentar (imagens 30 e 31)[13].

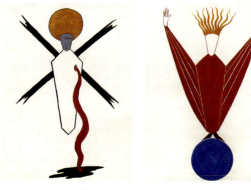

IMAGEM 30   IMAGEM 31

Algumas imagens contêm uma antítese, ou seja, elas podem ter um significado tanto positivo como negativo. Muito impressionante é a pintura em que a figurinha se vê estendida num tipo de raios de roda, que terminam em mãos (imagem 32).

IMAGEM 32

O que, à primeira vista, lembra uma crucificação pode também ser interpretado como expressão de um sentimento de esticamento num todo maior. A expressão facial, porém, parece sugerir sofrimento.

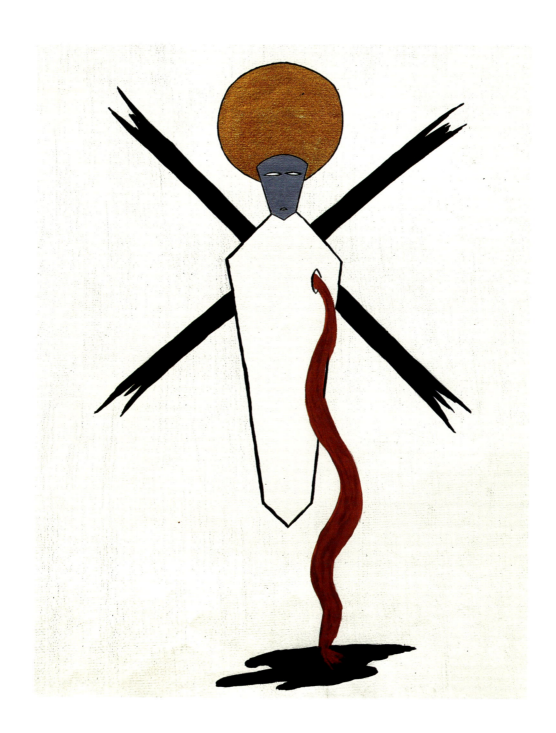

IMAGEM 30 • Anônimo, sem título, 1917
Guache sobre papel, 44 × 30,5cm
Arquivo de imagens Instituto C.G. Jung Zurique, Küsnacht, 009 AIAS

Encontramos uma ambiguidade semelhante numa máscara criada em 1917, cujos olhos e boca parecem emitir ou ser alvo de raios ou flechas (imagem 33). Essa imagem também provoca arrepios à primeira vista, mas, quando entendemos as linhas como raios emitidos pelo rosto, pode comunicar esperança[14].
Não tenho dúvidas de que, em 1917-1919, a analisanda se encontrava numa grave crise psíquica, provavelmente numa crise de identidade, e por isso tenha tentado se agarrar a Jung e ao dadaísmo (ou talvez apenas a alguns representantes individuais do movimento Dada, como Sophie Taeuber e Hans Arp) e que a concentração em formas simples e claras tenha tido um efeito curador. O analista Jung e os representantes do dadaísmo serviram como exemplos e figuras de identificação e assumiram o papel provisório de ego auxiliar[15].
O recurso a formas arcaicas pode ser interpretado também como tentativa de confiar o sofrimento pessoal a formas e motivos primordiais para conseguir suportá-lo. O sofrimento pessoal é confiado à qualidade humana geral e primordial, permitindo assim um distanciamento. Graças a formas elementares de representação, ele pode ser vivenciado como sofrimento da *conditio humana*. Muitas vezes, as estilizações refletem o mesmo desejo: elas inserem os aspectos individuais em uma ordem eternamente válida e, portanto, perfeita[16].
Na última "série" de 1928/1929 – ou seja, nove anos depois – dominam, como já mencionei, as cores cinza claro, preto e branco. A última imagem (imagem 34) mostra formas cubistas que estão prestes a desaparecer no interior de um corpo estilizado. A proximidade com o dadaísmo é ressaltada mais uma vez nessa figura. Mas os pés pretos, que saltam aos olhos em contraste com as cores desmaiadas, poderiam indicar que a analisanda alcançou o fim do caminho e agora está pronta para continuar sem o recurso às formas dadaístas e arcaicas e, talvez, também sem Jung.

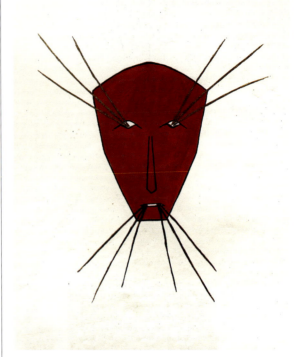

IMAGEM 33

IMAGEM 31 • Anônimo, sem título, 1919
Guache sobre papel, 44 × 30,5cm
Arquivo de imagens Instituto C.G. Jung Zurique, Küsnacht, 009 AIBB

IMAGEM 32 • Anônimo, sem título, 1919
Guache sobre papel, 44 × 30,5cm
Arquivo de imagens Instituto C.G. Jung Zurique, Küsnacht, 009 AIAX

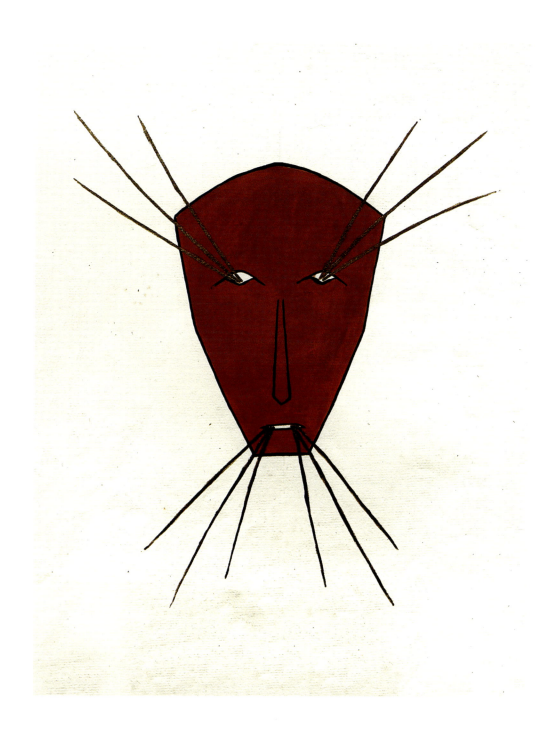

IMAGEM 33 • Anônimo, sem título, 1917
Guache sobre papel, 44 × 30,5cm
Arquivo de imagens Instituto C.G. Jung Zurique, Küsnacht, 009 AIAQ

IMAGEM 34 • Anônimo, sem título, 1929
Guache e lápis de cor sobre papel, 44 × 30,5cm
Arquivo de imagens Instituto C.G. Jung Zurique, Küsnacht, 009 AIBH

Notas

1. Devo o acesso a essas imagens a Ruth Ammann, responsável pelo arquivo de imagens há alguns anos. Ela foi uma grande ajuda e forneceu informações importantes.

2. A criação de 15 imagens e de uma capa em um único dia é um tanto surpreendente.

3. "II 1919" também poderia ser "I 1919". Aqui houve uma correção que, agora, não permite identificar se o que vale é "I" ou "II".

4. O tamanho das folhas varia, fato que não levo em conta em minha análise. Parece que a analisanda usou folhas que estavam disponíveis naquele momento.

5. É difícil determinar o sexo das figurinhas. Duas das quatro parecem ser femininas. Mas é possível que a artista tenha se referido ao "ser humano" como tal.

6. O primeiro mandala remete às figurinhas anteriores, pois sua parte superior lembra o torso e a cabeça das figurinhas anteriores.

7. Para ele, futurismo e dadaísmo eram desestruturados demais. Por isso, ele os chamou de "loucura e de mau gosto" (OC 10/3, § 44).

8. Numerosos indícios podem ser encontrados em (Zuch, 2004). Essa dissertação oferece provas cuidadosamente pesquisadas para a recepção da Psicologia Analítica no surrealismo e no dadaísmo.

9. O nome da exposição no Museum Rietberg era "*Dada Afrika*", realizada por ocasião da celebração dos cem anos do movimento dadaísta. Nessa exposição, o aspecto "De volta à origem" ocupa um espaço central.

10. Como as máscaras da nossa analisanda-artista, muitas vezes, essas máscaras não têm nariz. Cf. as reproduções das criações de Sophie Taeuber e Hans Arp em: *Dada Afrika*.

11. As imagens podem ser interpretadas como uma aplicação da fórmula de Pseudo-Demócrito: "A natureza se regozija com a natureza, a natureza derrota a natureza, a natureza governa sobre a natureza" (cf. *Alchemie: Lexikon einer hermetischen Wissenschaft*, 1998, p. 109).

12. É possível que, além das obras de Sophie Taeuber e Hans Arp, os trabalhos dos Hopis e esculturas do Egito Antigo também tenham servido como modelo para a artista. Uma minuciosa análise do estilo seria esclarecedora.

13. Como já mencionei, a sequência das imagens não é absolutamente clara.

14. A roda e os raios, que atingem o rosto ou são emitidos por ele, são símbolos que exerciam um papel importante em Niklaus von Flüe.

15. Uso aqui o conceito de ego auxiliar não no sentido do psicodrama de Moreno, mas no sentido de Annelise Heigl (cf. Heigl-Evers & Ott, 1995).

16. Sobre a estilização e estetização, cf. tb.: Jung (2016, p. 210).

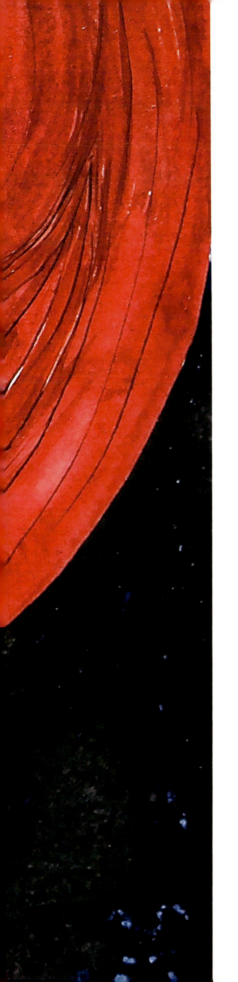

Catálogo:
O INQUIETANTE

IMAGEM 35 • Anônimo, sem título, 24 de outubro de 1933
Guache sobre papel, 22,5 × 14cm
Arquivo de imagens Instituto C.G. Jung Zurique, Küsnacht, 001 AAAB

CATÁLOGO: O INQUIETANTE

IMAGEM 36 • Anônimo, sem título, 21 de março de 1934
Guache sobre papel, 22,5 × 14cm
Arquivo de imagens Instituto C.G. Jung Zurique, Küsnacht, 001 AAAR

IMAGEM 37 • Anônimo, sem título, 1933
Guache sobre papel, 22,5 × 14cm
Arquivo de imagens Instituto C.G. Jung Zurique, Küsnacht, 001 AAAA

IMAGEM 38 • Anônimo, sem título, 4 de outubro sem ano
Giz sobre papel, 22 × 14cm
Arquivo de imagens Instituto C.G. Jung Zurique, Küsnacht, 105 EAKR

CATÁLOGO: O INQUIETANTE

IMAGEM 39 • Anônimo, sem título, sem data
Giz sobre papel, 30,5 × 23,5cm
Arquivo de imagens Instituto C.G. Jung Zurique, Küsnacht, 105 EATT

IMAGEM 40 • Anônimo, sem título, 19 de julho de 1926
Guache sobre papel (livro), 26 × 17cm
Arquivo de imagens Instituto C.G. Jung Zurique, Küsnacht, 025 AYAK

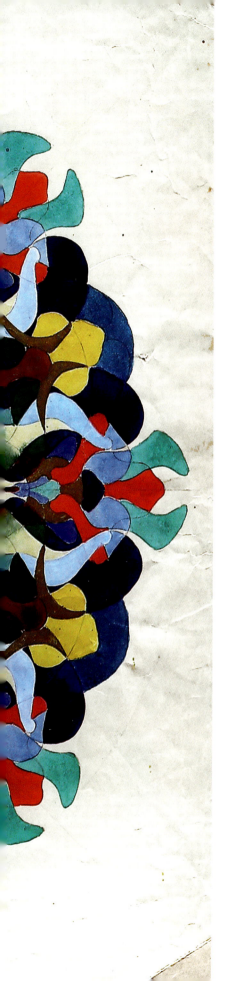

ENCONTRAR O CENTRO PESSOAL

ENCONTRAR O CENTRO PESSOAL

O simbolismo dos mandalas

Verena Kast

O MANDALA

O termo "mandala" provém do sânscrito e pode ser traduzido de forma geral como "círculo": "círculo sagrado" ou "círculo mágico". No budismo tibetano, os mandalas são objetos da meditação e concentração, ou seja, estão vinculados a uma tradição espiritual muito antiga. No budismo, o mandala tem um significado mágico ou religioso: no centro está uma deidade.

Um mandala é uma figura pictórica ou geométrica, normalmente quadrada ou circular organizada em torno de um centro. Numa versão simples, o mandala pode ser um triângulo, mas, numa versão elaborada, pode representar também a percepção atual de todo o universo. Em termos estruturais, ele gera ordem e equilíbrio, em termos de conteúdo, ele conta histórias: sobre a vida pessoal, sobre a vida em si. No budismo, a criação do mandala, muitas vezes na forma de imagens de areia, é muito importante e ocorre com grande cuidado e concentração. Essas imagens de areia cativantes são destruídas em seguida, como símbolo da transitoriedade do mundo material, mas também como expressão do fato de que a criação meditativa, o processo criativo, é mais importante do que o produto.

Na cultura ocidental, entende-se por "mandala" normalmente figuras circulares organizadas em torno de um centro, que podem conter motivos geométricos, figurativos ou vegetais. Eles também podem ser imagens de meditação, com uma estrutura semelhante a dos mandalas orientais, e ter um efeito calmante.

A APROXIMAÇÃO DE C.G. JUNG AO MANDALA

Em 1918/1919, C.G. Jung era "*Commandant de la Région Anglaise des Internés de Guerre*", em Chateau d'Oex. Em suas memórias (Jung, 2016, p. 218), ele relata como, a cada manhã, esboçava um pequeno desenho circular, um tipo de mandala, em seu caderno de anotações. Essas imagens lhe permitiram observar suas mudanças psíquicas. "Meus mandalas eram criptogramas sobre o estado do meu si-mesmo, que eu recebia diariamente. Vi como o si-mesmo, i.e., minha totalidade operava. [...] Pareceu-me a mônade que sou e que é meu mundo" (Jung, 2016, p. 218). Jung chegou à conclusão de que, nesses mandalas, se realiza o si-mesmo, a integralidade da personalidade, a conexão entre inconsciente e consciência que é possível neste momento. Assim se estabelece um equilíbrio interno, pois esses desenhos circulares têm a capacidade de centrar. Dessa experiência, Jung deduziu "que o destino do desenvolvimento psíquico é o si-mesmo. Não existe desenvolvimento linear, existe apenas uma circum-ambulação do si-mesmo" (Jung, 2016, p. 219).

Em 1927, Jung sonhou com um mandala, que chegou a desenhar[1]. Naquela época, Richard Wilhelm lhe mandou o manuscrito de *O segredo da flor de ouro* (OC 9/1). Com a ajuda desse texto, Jung descobriu a conexão entre seus "mandalas" e os mandalas orientais. O símbolo do mandala remete ao tema da integração de aspectos da psique pessoal, mas também da vida cultural e social.

Segundo a psicologia junguiana, o trabalho com símbolos pode superar as respectivas dissociações da psique. E uma dessas possibilidades de superar a dissociação atual é a criação do mandala. Na minha opinião, porém, o mandala não é simplesmente uma expressão do si-mesmo, mas surge, como todos os símbolos, da tensão entre o contexto de vida atual, o contexto biográfico e a dinâmica inconsciente. Vejo os mandalas também como resultado de processos emergentes que, acatados e moldados, são desenvolvidos com muita dedicação até alcançarem a melhor forma possível.

No entanto, Jung refletiu muito não só sobre a superação dos conflitos e das dissociações, ele apontou também frequentemente para a dissociabilidade da psique – especialmente em relação à teoria dos complexos. Portanto, o processo de individuação não pode tratar somente da experiência da totalidade, ele tem a ver também com o suportar, o entender e o refletir sobre os respectivos opostos. Isso vale também para a criação dos mandalas. Essa ideia não diminui a importância de um mandala vivenciado genuinamente a partir de dentro, mas aponta para o fato de que o mandala encontra sua justificação em determinadas situações de vida – ele não conduz simplesmente e de modo geral à individuação nem é simplesmente expressão da individuação.

Mandalas desenhados no processo terapêutico

Jung era influenciado pelos mandalas tibetanos, seus pacientes, por sua vez, eram influenciados por Jung. Jung afirma o seguinte sobre os mandalas de seus pacientes:

> São [...] instrumentos de meditação, do aprofundamento, da concentração e da realização de experiência interior [...]. Ao mesmo tempo, eles servem para o estabelecimento de uma ordem interior e, por isso, quando ocorrem em séries de imagens, aparecem imediatamente após estados caóticos, confusos, conflituosos e acompanhados de angústia. Portanto, eles expressam a ideia do refúgio seguro, da reconciliação interna e da totalidade (OC 9/1, § 710).

Jung os vê como "tentativa de autocura da natureza" (OC 9/1, §714). Mas ele também identifica uma diferença em relação aos mandalas cultuais: ele constata que os mandalas individuais apresentam "uma abundância de motivos e alusões simbólicas" (OC 9/1, §717), que eles

> tentam expressar a totalidade do indivíduo em sua vivência interior ou exterior do mundo ou o ponto de referência interior essencial. Seu objeto é o si-mesmo, em oposição ao ego, que só é ponto de referência da consciência, enquanto o si-mesmo abarca em si a totalidade da psique, o consciente e o inconsciente (OC 9/1, §717).

No máximo, é a expressão do si-mesmo possível naquele momento – não é o si-mesmo em si.

O círculo e o centro

Naturalmente, encontramos o círculo (Riedel, 1985, p. 89ss.) não só no mandala, mas todos os mandalas dos pacientes de Jung que escolhi aqui ressaltam o círculo, são envoltos por um círculo. Provavelmente, ele contém as imaginações espontâneas realizadas durante sua criação. Provavelmente, existe também um princípio de concepção que corresponde às exigências estéticas e que se expressa na criação

→

do mandala. É possível também que o fascínio do mandala como um arquétipo da totalidade tenha influenciado a concepção – possivelmente também como consequência de um tipo de infecção por Jung, que estava tratando as pintoras. Provavelmente, isso tenha ocorrido apesar do fato de Jung ter ocultado o método durante anos, justamente para impedir essa sugestão (OC 9/1, § 623). Jung sabia que, às vezes, aquilo que é mantido em segredo exerce uma influência maior sobre a realidade do que aquilo que se revela. Outro argumento em prol de uma "infecção" seria que, hoje, os pacientes no processo terapêutico produzem um número consideravelmente menor de mandalas.

O círculo e a espiral são símbolos muito antigos usados pelos seres humanos. Eles são absolutamente cotidianos: nós fazemos um círculo em redor daquilo que é importante para nós. Isso significa que, no futuro, voltaremos toda a nossa atenção para aquilo. O círculo é uma linha infinita, sem começo, sem fim, e pode ser desenhado num único movimento sem a necessidade de levantar o lápis do papel. O círculo representa uma totalidade fechada. E o círculo abarca o interior. O círculo separa o "interior" do "exterior"; o que está no "interior" está protegido, por isso falamos também de um círculo protetor, no folclore, ele é usado também como proteção contra demônios. E os demônios – é por eles que nos sentimos ameaçados.

O círculo é fechado, a multiplicidade do mundo é excluída, e nós nos contentamos com aquilo que precisa da nossa atenção agora: ele permite que nos concentremos. Cada círculo tem um centro, e ele responde à pergunta: o que é central neste momento? O centro, assim nos ensina o círculo, não deve ser perdido. Mas o centro também permite um movimento – para a distância, mas também para a altura e para a profundeza – e assim o círculo se transfora no símbolo da esfera. Quando nós nos concentramos em nós mesmos, nós nos reunimos em torno de nós mesmos, então o recorte da nossa vivência fica "redondo" – sentimo-nos acolhidos numa roda – e aquilo que fazemos está protegido. O círculo reproduz a experiência de um

Mandalas, pintados durante o processo terapêutico

→

apoio primordial, e o que acontece ou é representado no círculo, participa desse apoio primordial, mas também exige a dedicação da criação, do cuidado àquilo que se revela na imaginação. O círculo evoca também afeto, que pode se manifestar num cuidado afetuoso da criação.

Mandalas, pintados durante o processo terapêutico

Sob o ponto de vista dos sistemas emocionais e primário-processuais segundo Panksepp – que simplesmente "são dados", que pertencem ao equipamento fundamental, que são coletivamente inconscientes, que podem ser inibidos ou reavivados por experiências de vida posteriores, mas que simplesmente existem e que compartilhamos com os animais – poderíamos dizer que a curiosidade e o interesse por aquilo que é cercado são ligados com um desejo cuidadoso de poder entender e moldar. Na terminologia do neurocientista Panksepp, trata-se do "sistema SEEKING e do sistema CARE. O sistema CARE é o fundamento emocional da maternidade e do cultivo, nele se baseiam os sentimentos pró-sociais" (Panksepp & Biven, 2012, p. 283ss.). Quando o sistema SEEKING e o sistema CARE realmente são ativados por meio da pintura num círculo, isso já forneceria recursos essenciais contra a angústia e o luto. Nesse sentido, o pintar no círculo – mesmo sem a divisão em quatro partes tão comum em mandalas – poderia ter um efeito terapêutico no sentido de um desenvolvimento protegido. Também precisamos perguntar pelo tipo da imaginação: é possível que, no círculo, ocorra outra forma de imaginação, uma imaginação que se orienta pelo centro, por algo central – num espaço protegido. Essa orientação pelo centro talvez só seja possível no ato da pintura, na criação de mandalas. Nesse sentido, o mandala realmente pode ser "o antídoto tradicional contra estados de espírito caóticos" (OC 9/1, § 16), mas, no sentido que acabei de descrever, ele é muito mais: é a concentração numa imaginação que se ocupa com algo de importância central – talvez não só no contexto de questões pessoais, mas também com perguntas pelos contextos maiores da vida. É preciso lembrar

que o símbolo do círculo e também o símbolo da espiral exercem uma função importante nas criações do ser humano desde tempos primordiais. Basta lembrar os círculos em pedras antigas, nos círculos e nas espirais em sarcófagos: sempre se trata de vida e morte, da relação do finito com o infinito. Mas podemos lembrar também os primeiros desenhos de nossos filhos, que representam o ser humano como círculo (cabeça) e linhas (braços e pernas).

Os exemplos de mandalas

Primeira observação preliminar: não conhecemos nem a biografia dos pacientes que pintaram estes mandalas, nem sua situação de vida naquele momento. Portanto, não é possível interpretar esses mandalas em seus detalhes, ou seja, não é possível relacioná-los à respectiva situação de vida, a aspectos que apontam para o futuro nem mesmo a indícios da relação terapêutica. Tampouco sabemos se todos esses mandalas foram criados durante um processo terapêutico com Jung. Naturalmente, podemos entendê-los a partir da relação com C.G. Jung, como presentes para Jung, a partir do tipo de transferência: "nós lhe damos o que é importante para você – pois isso também é importante para nós". E talvez: "fazemos de tudo para fundamentar sua teoria, e sua importância também nos torna um pouco importantes". Não sabemos. Mas temos diante de nós esses mandalas criados com grande cuidado e devoção, que são cópias produzidas especialmente para C.G. Jung, ou seja, que foram recriados com precisão para que ele tivesse uma cópia. O original, dizia ele, deveria ficar com o pintor.

Segunda observação preliminar: mandalas existem para serem contemplados. E quando os mandalas nos tocam, temas parecidos são despertados na nossa psique – talvez o tema da centralização seja ativado em nós – e, no melhor dos casos, nós somos incentivados a criar um mandala pessoal. Vale também levar em conta como os mandalas são criados, que são emoções – emoções inconscientes – que geram as respectivas imaginações (cf. OC 9/1, § 622); as figuras especiais provêm da vivência cotidiana. Semelhante ao que acontece nos sonhos,

→

o paciente vivencia na imaginação novas combinações surpreendentes dessas figuras e imagens, e das combinações estranhas e inesperadas resultam novas perspectivas da vivência, da lembrança e da esperança.

CRESCIMENTO E TRANSFORMAÇÃO

IMAGEM 41

A pintora é uma mulher norte-americana por volta dos 30 anos de idade. Nos relatos sobre o seminário alemão de 1930[2], Jung fala extensamente sobre as visões dela – assim ele chamava as imaginações na época. Sua história pessoal, na medida em que a conhecemos, não será levada em conta aqui, pois o relato sobre o seminário é sucinto demais em relação a ela. O que nos interessaria hoje é principalmente em que contexto de vida e em que situação de relação terapêutica este mandala (imagem 41) foi criado. Interessante é, porém, que a paciente desenvolveu essa imagem a partir de uma imaginação. Primeiro veio a imaginação, que é descrita minuciosamente no seminário. Dessa imaginação, a pintora escolhe este único motivo, e enquanto ela pinta, o motivo se transforma – até resultar nesse mandala que temos diante de nós[3]. Ocorre, portanto, um processo criativo triplo: primeiro a imaginação, depois a escolha da imagem que ela quer pintar – e então a criação em si, durante a qual a imagem interior continua a se transformar, como acontece também com as nossas imagens internas – o que ocorre é sempre criação, recriação. Especialmente essa imagem nos transmite a impressão de que a imaginação foi um tipo de preparação, que a imagem é uma condensação do tema e também uma solução passageira dos conflitos no mandala. Na criação de outros mandalas, Jung não falava em imaginação, mas de pintura automática. Num sentido fundamental, Jung descrevia a atividade de pintar como uma forma de imaginação ativa (cf. Kast, 2012).

O olhar do contemplador é atraído pelo centro: no centro de três círculos vemos uma criança, ainda em posição embrionária, mas com uma mão direita energicamente aberta – sobre fundo roxo, uma cor de transformação. Essa criança – como símbolo de algo novo na vida da pintora – já tem uma mão direita ativa – a mão está à frente da fase de desenvolvimento. O número três caracteriza o mandala: três círculos, três cobras, e o número três expressa dinamismo. Algo está em movimento e pode ser integrado na vida atual. A criança no círculo interior mostra cinco dedos claramente abertos, e o número cinco é relacionado simbolicamente ao corpo e, portanto, ao mundo corporal real.

O círculo interior é cercado de preto, sustentado por três círculos dourados. Roxo e amarelo-dourado são cores da complementaridade – aqui, uma contradição é equilibrada. As três cobras de cor verde-claro não tocam o círculo interior e elas também não provêm de fora. Elas podem ser interpretadas como uma energia vitalizadora, como energia de transformação. Na imaginação, o embrião era alimentado pelas cobras. Como símbolos, as cobras representam energia, emoções ambivalentes do inconsciente. Aqui, elas não parecem ser perigosas; e também sua cor verde as relaciona a impulsos de crescimento do inconsciente, que apontam para uma transformação.

Transformação significa essencialmente – e o símbolo da cobra também representa isso – morte/vida/morte/vida. O que esse mandala comunica? O centro é ocupado pelo novo, por uma promessa, por trás do qual se esconde um impulso inconsciente importante em conexão com um dinamismo notável de transformação, ou seja, ele é muito vivaz, e esse

IMAGEM 41 • Anônimo, sem título, sem data
Guache sobre papel, 14 × 14cm
Arquivo de imagens Instituto C.G. Jung Zurique, Kusnacht, 025 AYBC

impulso é sustentado pela estrutura do mandala, pelos três círculos e pelas cores usadas no mandala. Existe aqui muito movimento e muita comoção psíquicos, mas integrados na vida cotidiana.

A DINÂMICA QUE NASCE DO OVO

Estas pinturas (imagens 42, 43 e 44) são de uma paciente de C.G. Jung de mais ou menos 60 anos de idade, que ele considera ser artisticamente dotada. Mais importante é, porém, que Jung fala aqui de um "processo de individuação bloqueado" e dá a entender que o tratamento terapêutico estimulou a atividade artística da paciente (OC 9/1, § 676).

Também aqui (imagem 42) o centro atrai nossa atenção: o ovo, cercado por uma grinalda que, através de suas cores, reúne fogo e água de forma harmônica – os opostos estão integrados – e que fornece ao ovo o calor necessário para chocar, mas que também representa uma forma de excitação, de inspiração. O processo de amadurecimento é sustentado e formado – mas também irradia para o pano de fundo calmo, para contextos maiores, para o universal. Isso poderia significar que o processo pessoal do amadurecimento, da concentração na criação de um novo mundo pessoal, também pode ser compreendido como possibilidade de essas experiências pessoais irradiarem para outros.

→

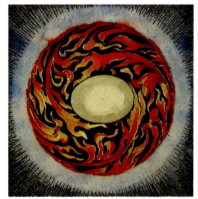

IMAGEM 42

IMAGEM 43

IMAGEM 44

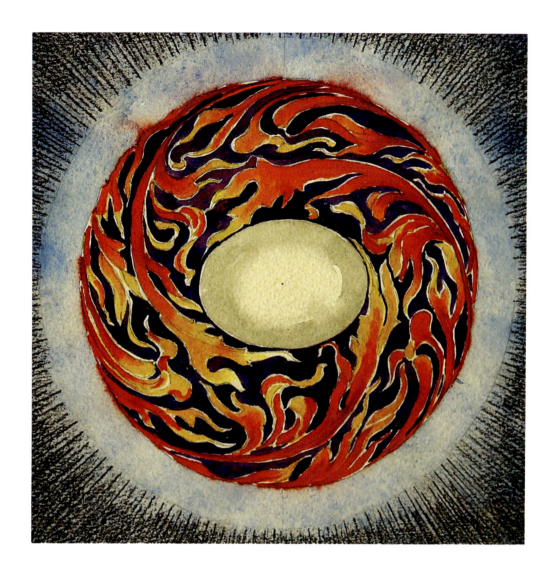

IMAGEM 42 • Anônimo, *The Hatching of the Egg (O chocar do ovo)*, 10 de fevereiro de 1927
Guache sobre papel, 16,5 × 16,5cm
Arquivo de imagens Instituto C.G. Jung Zurique, Küsnacht, 008 AHAC

O ovo como símbolo: na mitologia conhecemos o ovo cósmico, o ovo que contém todo o universo. O ovo cósmico – como o "redondo grande" – pode conter todo o cosmo. Mas também o ovo de galinha comum contém vida em potencial, e assim o ovo é visto como símbolo da fertilidade. Chocar significa também dar o tempo e o calor necessários – a concentração no centro para chocar algo que corresponde ao nascimento de um mundo, a uma nova compreensão do seu mundo, a ideias para o futuro. Essa imagem precisa ser vista em conjunto com a seguinte imagem (imagem 43). O que nasce do ovo? Do centro roxo num círculo azul cresce um tipo de árvore. E a pintora dá à imagem o título: *A primeira árvore da vida que nasce do ovo*.

IMAGEM 43

A árvore da vida deve ser compreendida como um símbolo para o processo de individuação ao longo do tempo, para o desenvolvimento e amadurecimento vitalício. E aqui ela aparece apenas como uma primeira ideia, assim como aconteceu também com o ovo. Mas aqui não se trata apenas de centrar-se, mas de acatar e realizar novos desenvolvimentos a partir do centro, de iniciar o processo.

E também nessa imagem encontramos água e fogo, mas não de forma que o fogo fosse apagado, mas no sentido de que a árvore contém em si tanto água como pequenas chamas de fogo – um tipo de poço, que também espalha luz, mas tudo isso ainda de forma muito tímida e contida. Fogo e água que se movimentam em sua natureza como opostos: os opostos podem ser suportados e assim geram uma imagem viva, uma experiência psíquica viva. Percebemos um entusiasmo e uma jocosidade, que surgiram através do contato com o inconsciente – e, provavelmente, através do trabalho com C.G. Jung, que despertou o fogo no processo terapêutico. É uma primeira árvore da vida – uma primeira fantasia sobre o que poderia ser a essência da vida – e, aqui, as fantasias ainda são muito comedidas: são pequenas chamas e flores rosadas, e tudo lembra um pouco o estilo da *art nouveau* – o oposto do estilo forte e emocional aos pés da árvore, onde encontramos uma vivacidade maior e mais intensa. O mandala bidimensional se estende para a terceira dimensão, para a vida, para uma nova dimensão da experiência. A árvore que nasce do mandala mostra à pintora que é possível transportar experiências internas para a realidade externa e encarná-las no dia a dia.

Para mim, o centro com as chamas vivas é aquilo que me atrai. O ovo emite uma força criativa emocional – seja ela emocionalidade, intensidade de sentimentos, Eros, sexualidade ou criatividade. Chega de esperar e chocar, o que se expressa aqui são atividade e alegria por agir.

Na imagem seguinte (imagem 44), o círculo se apresenta de forma muito dinâmica – seu centro é uma concha. Dinâmica e calma, entusiasmo e silêncio se unem aqui. A concha impede que a pintora seja arrastada pela dinâmica. A imagem transmite o movimento do enrolar-se dinâmico, e a dinâmica aponta para o centro calmo – uma integração bem-sucedida dos opostos. Essa imagem evidencia a função de contenção do mandala, que podemos entender também como uma função do arquétipo maternal positivo ou como um efeito do sistema CARE. O que chama atenção é o olho do peixe – um segundo centro? O que ele vê? Anuncia-se uma dinâmica poderosa que parte do inconsciente. É o peixe – um

IMAGEM 43 • Anònimo, *The First Tree of Life from the Egg*
(*A primeira árvore da vida que nasce do ovo*), 13 de fevereiro de 1927
Guache sobre papel, 31 × 21cm
Arquivo de imagens Instituto C.G. Jung Zurique, Küsnacht, 008 AHAD

IMAGEM 44 • Anônimo, sem título, 17 de março de 1927
Aquarela sobre papel, 20,5 × 20,5cm
Arquivo de imagens Instituto C.G. Jung Zurique, Küsnacht, 008 AHAF

conteúdo do inconsciente – ainda em figura animal, que alimenta o "fogo". Mas no centro está a concha – um crescimento calmo, um estar consigo mesmo silencioso.

O INTERIOR IRRADIA PARA O MUNDO

IMAGEM 45

Jung descreveu a pintora como uma paciente de meia-idade. A pintora deu à imagem o título *Sol colorido* (imagem 45). Esse mandala é estrutural-figurativo, sem elementos concretos, mesmo assim, o todo resulta num sol. Provavelmente, esse mandala foi criado com a ajuda de um compasso. O que impressiona aqui é o amarelo e – evidentemente em combinação com o título – a luz, o calor, a aura. O centro é representado por um círculo branco, cujos raios formam uma cruz. O que é vivenciado como centro nessa imagem, irradia para o mundo, não só na forma de raios brancos, mas também na forma de raios vermelhos, que parecem formar as asas de um moinho de vento e que, quando nos concentramos nisso, conferem uma dinâmica ao mandala, cuja estrutura básica é estática. Muito interessante é o quinto círculo, que é estruturado com as cores vermelho, verde e azul. O quinto círculo é o círculo da vida cotidiana. O que é vivenciado no centro irradia para o dia a dia e o torna mais radiante.

Mas os raios vão muito além do dia a dia. Pois ainda existe o sexto círculo, que é aberto e não possui limites claros e que se estende para além do quinto círculo.

Esse é um mandala que centraliza, organiza a compreensão do mundo e, mesmo assim, expressa a esperança de que aquilo que foi processado internamente irradia também para além do mundo pessoal.

IMAGEM 45 • Anônimo, *Sol colorido*, 21 de dezembro de 1931
Lápis de cor sobre papel, 15 × 17cm
Arquivo de imagens Instituto C.G. Jung Zurique, Küsnacht, 002 ABAC

Observação final

Mesmo que os mandalas nos atraiam e, talvez, até evoquem imagens internas em nós mesmos – nós não temos acesso às experiências psíquicas dessas pacientes que pintaram os mandalas. Vale lembrar: tantos os processos imaginativos como os processos criativos estavam ligados a conflitos no dia a dia, a experiências em relacionamentos e, sobretudo, a experiências no relacionamento terapêutico com C.G. Jung, à preocupação (*care*) com o desenvolvimento interno. A criação bem-sucedida de um mandala encerra um longo processo repleto de tensões. Possivelmente, isso gerou uma sensação forte de ter conseguido, por um momento, solucionar problemas importantes e de estar em paz com o mundo, de poder contemplar a vida com satisfação e maravilha a partir do seu centro pessoal. Essas experiências – de estar conectado consigo mesmo, com os outros e com algo que é maior do que eu mesmo – são a consequência de um processo psicoterápico longo, muitas vezes também difícil, mas são também uma promessa para o futuro, a esperança de que essas situações de harmonia consigo e com o mundo podem voltar a acontecer.

Notas

1. Descrito como imagem 6 em: Jung (OC 9/1, § 654s.).
2. *Bericht über das Deutsche Seminar von Dr. C.G. Jung, zusammengestellt von Olga von Koenig-Fachsenfeld* (1931).
3. Cf. *Bericht über das Deutsche Seminar von Dr. C.G. Jung, zusammengestellt von Olga von Koenig-Fachsenfeld* (1931, p. 87ss.).

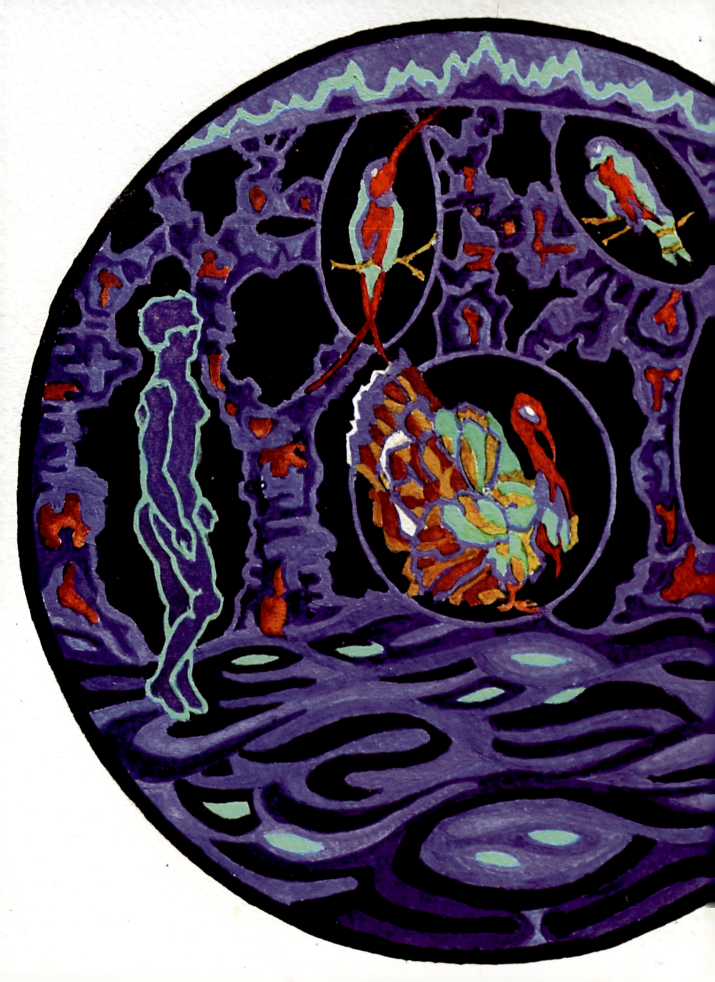

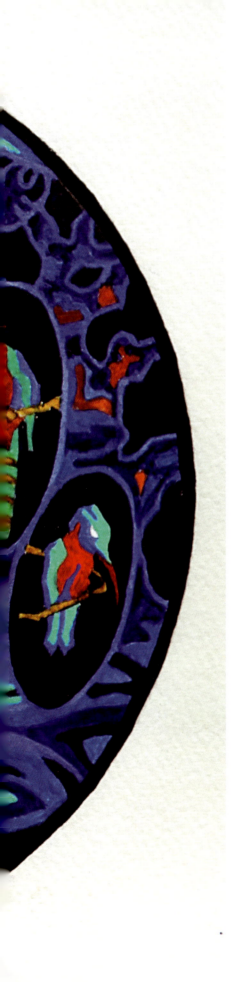

Catálogo:
MANDALAS

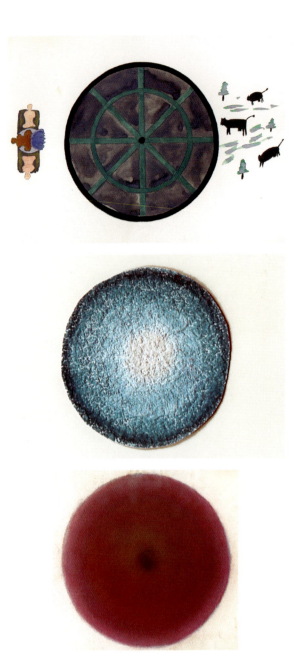

IMAGEM 46 • NO ALTO:
Anônimo, sem título, sem data
Guache sobre papel, 22,5 × 30cm
Arquivo de imagens Instituto C.G. Jung
Zurique, Küsnacht, 105 EATD

IMAGEM 47 • CENTRO:
Anônimo, sem título, sem data
Pastel sobre papel, 21 × 30cm
Arquivo de imagens Instituto C.G. Jung
Zurique, Küsnacht, 105 EAGA

IMAGEM 48 • EMBAIXO:
Anônimo, sem título, sem data
Pastel sobre papel, 22,5 × 24,5cm
Arquivo de imagens Instituto C.G. Jung Zurique, Küsnacht, 105 EACB

CATÁLOGO: MANDALAS

IMAGEM 49 • Anônimo, sem título, texto no verso, 1928
Guache sobre papel, 28,5 × 22,5cm
Arquivo de imagens Instituto C.G. Jung Zurique, Küsnacht, 039 BMAX

CATÁLOGO: MANDALAS

IMAGEM 50 • NO ALTO:
Anônimo, sem título, 17 de agosto de 1935
Guache sobre papel, 31,5 × 49,5cm
Arquivo de imagens Instituto C.G. Jung
Zurique, Küsnacht, 065cmab

IMAGEM 51 • EMBAIXO:
Anônimo, sem título, 27 de agosto de 1935
Guache sobre papel, 31,5 × 49,5cm
Arquivo de imagens Instituto C.G. Jung
Zurique, Küsnacht, cmac

CATÁLOGO: MANDALAS

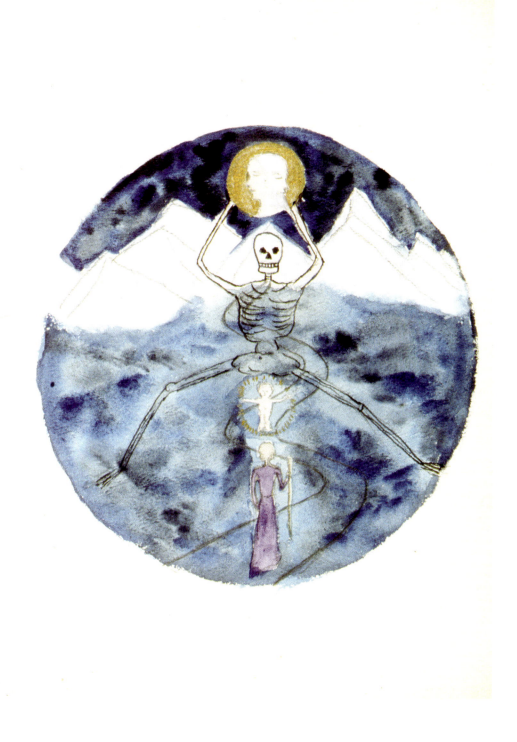

IMAGEM 52 • Anônimo, sem título, 5 de janeiro de 1941
Aquarela sobre papel, 30 × 21,5cm
Arquivo de imagens Instituto C.G. Jung Zurique, Küsnacht, 076 CXFV

CATÁLOGO: MANDALAS

IMAGEM 53 • Anônimo, sem título, 24 de agosto de 1939
Guache sobre papel, 21,5 × 30cm
Arquivo de imagens Instituto C.G. Jung Zurique, Küsnacht, 076 CXCU

CATÁLOGO: MANDALAS

IMAGEM 54 • NO ALTO:
Anônimo, sem título, 23 de junho (sem ano)
Guache sobre papel, 21,5 × 30cm
Arquivo de imagens Instituto C.G. Jung
Zurique, Küsnacht, 099 DUCP

IMAGEM 55 • EMBAIXO:
Anônimo, "Black Forces (Forças negras)",
1 de novembro de 1931
Guache sobre papel, 25 × 35cm
Arquivo de imagens Instituto C.G. Jung
Zurique, Küsnacht, 016 APBH

CATÁLOGO: MANDALAS

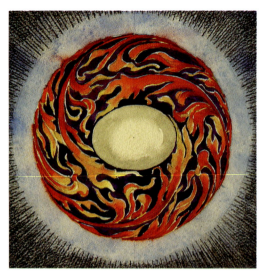

Cf. tb. as imagens 42, 44 e 43 no artigo de Verena Kast, p. 74.

NO ALTO, À ESQUERDA:
Anônimo, *The Hatching of the Egg*
(*O chocar do ovo*), 10 de fevereiro de 1927
Guache sobre papel, 16,5 × 16,5cm
Arquivo de imagens Instituto C.G. Jung
Zurique, Küsnacht, 008 AHAC

NO ALTO, À DIREITA:
Anônimo, sem título, 17 de março de 1927
Aquarela sobre papel, 20,5 × 20,5cm
Arquivo de imagens Instituto C.G. Jung
Zurique, Küsnacht, AHAF

EMBAIXO:
Anônimo, *The First Tree of Life from the Egg*
(*A primeira árvore da vida que nasce do ovo*), 13 de fevereiro de 1927
Guache sobre papel, 31 × 21cm
Arquivo de imagens Instituto C.G. Jung Zurique, Küsnacht, 008 AHAD

CATÁLOGO: MANDALAS

IMAGEM 56 • Anônimo, sem título, 7 de agosto de 1948
Guache sobre papel, 33 × 25cm
Arquivo de imagens Instituto C.G. Jung Zurique, Küsnacht, 074 CVBB

CATÁLOGO: MANDALAS

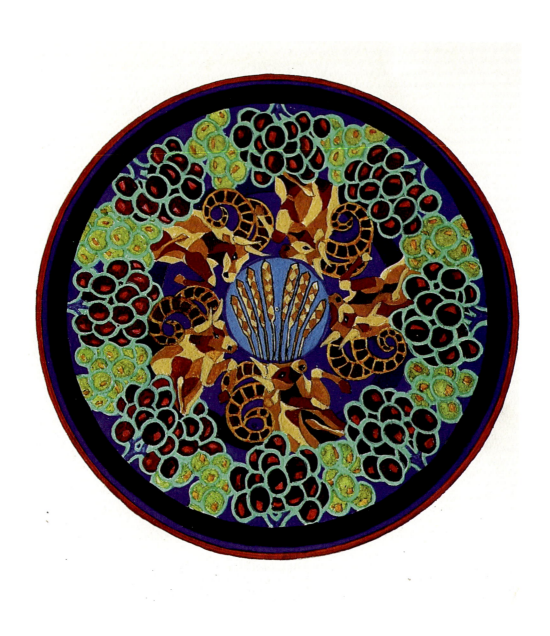

IMAGEM 57 • Anônimo, *Sonho de 9 de agosto*, 5 de dezembro de 1934
Guache sobre papel, 33 × 25cm
Arquivo de imagens Instituto C.G. Jung Zurique, Küsnacht, 044 CVAN

IMAGEM 58 • NO ALTO:
Anônimo, *The Light of the Body*
(*A luz do corpo*), 30 de dezembro de 1942
Guache sobre papel, 22 × 26,5cm
Arquivo de imagens Instituto C.G. Jung
Zurique, Küsnacht, 016 APCN

IMAGEM 59 • EMBAIXO:
Anônimo, sem título, 29 de agosto de 1943
Guache sobre papel, 22 × 26,5cm
Arquivo de imagens Instituto C.G. Jung
Zurique, Küsnacht, 016 APCT

CATÁLOGO: MANDALAS

IMAGEM 60 • Anônimo, *O caminho da cobra das 4 funções. Tempo – Caminho – Trilha*, sem data
Lápis de cor sobre papel, 27,5 × 21cm
Arquivo de imagens Instituto C.G. Jung Zurique, Küsnacht, 058 CFAJ

CATÁLOGO: MANDALAS

IMAGEM 61 • Anônimo, *A totalidade psíquica*, 8 de novembro de 1938
Lápis de cor sobre papel, 14,5 × 10,5cm
Arquivo de imagens Instituto C.G. Jung Zurique, Küsnacht, 077 CYAT

CATÁLOGO: MANDALAS

IMAGEM 62 • Anônimo, sem título, 23 de fevereiro de 1939
Guache sobre papel, 29,5 × 21cm
Arquivo de imagens Instituto C.G. Jung Zurique, Küsnacht, 001 AABC

CATÁLOGO: MANDALAS

IMAGEM 63 • Anônimo, *Kundalini*, 23 de julho de 1929
Guache sobre papel, 36 × 24,5cm
Arquivo de imagens Instituto C.G. Jung Zurique, Küsnacht, 023 AWAE

CATÁLOGO: MANDALAS

IMAGEM 64 • Anônimo, sem título, sem data
Guache sobre papel (caderno), 30 × 21,5cm
Arquivo de imagens Instituto C.G. Jung Zurique, Küsnacht, 037 BK AH

IMAGEM 65 • Anônimo, sem título, sem data
Guache sobre papel (caderno), 21,5 × 30cm
Arquivo de imagens Instituto C.G. Jung Zurique, Küsnacht, 037 BK AM

CATÁLOGO: MANDALAS

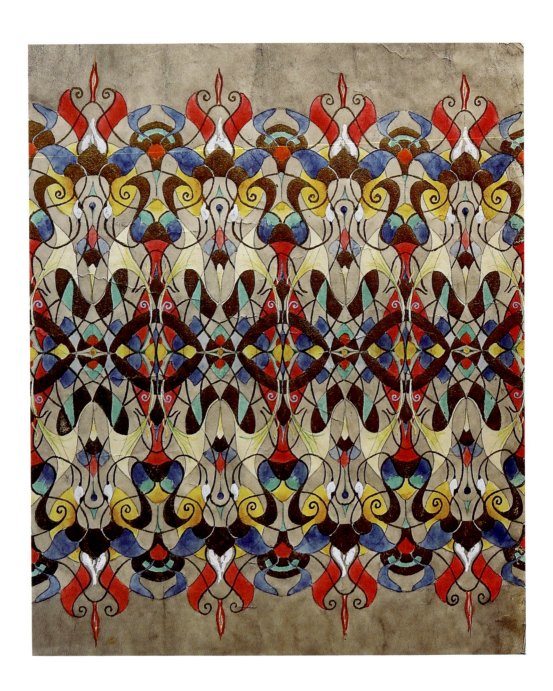

IMAGEM 66 • Anônimo, sem título, sem data
Guache sobre papel, 36 × 22cm
Arquivo de imagens Instituto C.G. Jung Zurique, Küsnacht, 019 ASBE

CATÁLOGO: MANDALAS

IMAGEM 67 • Anônimo, sem título, sem data
Guache sobre papel, 33 × 33cm
Arquivo de imagens Instituto C.G. Jung Zurique, Küsnacht, 019 ASB F

CATÁLOGO: MANDALAS

IMAGEM 68 • Anônimo, sem título, sem data
Guache sobre papel, 30 × 20cm
Arquivo de imagens Instituto C.G. Jung Zurique, Küsnacht, 024 AXAM

CATÁLOGO: MANDALAS

IMAGEM 69 • Anônimo, sem título, 1936
Guache sobre papel, 30,5 × 23cm
Arquivo de imagens Instituto C.G. Jung Zurique, Küsnacht, 003 ACAB

CATÁLOGO: MANDALAS

Cf. tb. as imagens 41 e 45 no artigo de Verena Kast, p. 73-74.

NO ALTO:
Anônimo, sem título, sem data
Guache sobre papel, 14 × 14cm
Arquivo de imagens Instituto C.G. Jung
Zurique, Küsnacht, 025 AYBC

EMBAIXO:
Anônimo, *Sol colorido*, 21 de dezembro de 1931
Lápis de cor sobre papel, 15 × 17cm
Arquivo de imagens Instituto C.G. Jung
Zurique, Küsnacht, 002 ABAC

CATÁLOGO: MANDALAS

IMAGEM 70 • Anônimo, sem título, 1932
Lápis de cor sobre papel, 21,5 × 30cm
Arquivo de imagens Instituto C.G. Jung Zurique, Küsnacht, 027 BAAX

CATÁLOGO: MANDALAS

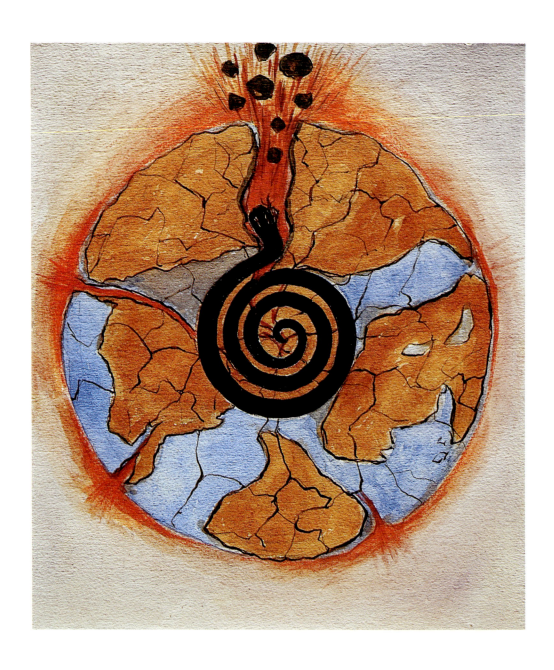

IMAGEM 71 • Anônimo, sem título, 1 de novembro de 1934
Guache sobre papel, 22 × 19cm
Arquivo de imagens Instituto C.G. Jung Zurique, Küsnacht, 002 ABBH

IMAGEM 72 • Anônimo, sem título, 20 de janeiro de 1944
Guache sobre papel, 22 × 27cm
Arquivo de imagens Instituto C.G. Jung Zurique, Küsnacht, 016 APCU

CATÁLOGO: MANDALAS

IMAGEM 73 • Anônimo, *Depois de um sonho de 13 de julho de 1932*, sem data
Guache sobre papel, 25 × 20cm
Arquivo de imagens Instituto C.G. Jung Zurique, Küsnacht, 020 ATAJ

CATÁLOGO: MANDALAS

"MAS, AFINAL, POR QUE RAZÃO LEVO OS PACIENTES A SE EXPRIMIREM POR MEIO DE UM PINCEL, DE UM LÁPIS, DE UMA PENA?"

Ruth Ammann

A importância que C.G. Jung atribui à pintura e ao desenho dentro do trabalho analítico se evidencia em muitos textos de seus escritos, mas o texto abaixo citado despertou tamanho interesse em mim que o escolhi como *leitmotiv* para este capítulo.

Em "A prática da psicoterapia", Jung escreve:

Mas, afinal, por que razão levo os pacientes a se exprimirem por meio de um pincel, de um lápis, de uma pena, quando atingem um certo estágio de sua evolução? [...] Antes de mais nada, o que interessa é que se produza um efeito. No estágio infantil acima descrito, o paciente permanece passivo. Nesta fase, passa a ser ativo. Passa a representar coisas que antes só via passivamente e, dessa maneira, elas se transformam em um ato seu. Não se limita a falar do assunto. Também o executa. Psicologicamente, faz uma enorme diferença se alguém tem uma conversa interessante com seu médico algumas vezes por semana, cujo resultado fica pairando no ar ou

se ele luta durante horas com pincéis e tintas teimosas para produzir algo que, superficialmente, parece completamente sem sentido. Ora, se fosse realmente sem sentido para ele, o esforço de desenhá-lo o repugnaria tanto que dificilmente poderia ser convencido a fazer esse exercício uma segunda vez (OC 16/1, § 105s.).

Jung escreve que ele quer *produzir um efeito*. Ele está se referindo a um efeito intelectual ou emocional ou, talvez, a um efeito físico? Ou será que ele está se referindo a um efeito sensual-emocional, que, então, provoca uma percepção psicológica? Provavelmente a tudo isso em conjunto, visto que desenhar e pintar são atividades muito sensuais que têm um efeito tanto sobre o corpo como sobre a alma e o espírito.

O que acontece quando pintamos? Cada cor tem seu próprio caráter, sua própria vibração, seu brilho emocional, seu simbolismo muito específico.

→

Todo o processo de desenho e pintura é fluido, é um processo de buscar e tatear, um processo indefinido até o momento em que a cor adquire uma forma sólida ao secar. Então, começa um novo processo: o brilho da cor recém-misturada afeta o corpo e a alma e liberta novos pensamentos e emoções. É um processo único, que passa da energia fluida para a energia moldada e de volta para a energia fluida. Esse processo moldador tem um enorme efeito holístico sobre o ser humano.

Mas voltemos para um trecho no texto acima citado de "A Prática da Psicoterapia":

Psicologicamente, faz uma enorme diferença se alguém tem uma conversa interessante com seu médico algumas vezes por semana, cujo resultado fica pairando no ar ou se ele luta durante horas com pincéis e tintas teimosas [...].

Acredito que essa formulação suscite em todos os leitores a pergunta: "Jung dá mais importância à pintura e ao desenho do que à conversa, ao processamento verbal dos sonhos?". Aqui, parece que sim. Gastei muito tempo refletindo sobre essa afirmação. Ela poderia ser entendida da seguinte forma: Falar é fácil para nós, muitas vezes, falamos "automaticamente". Mas para transformar nossas imagens interiores ainda não formadas em uma forma visível, palpável e também significativa, é necessário um grande esforço criativo. Também tentei entender a afirmação fisicamente, ou seja, a partir da experiência corporal. Então me veio à mente uma citação de Johann Wolfgang von Goethe em sua obra *A Teoria das Cores* (Goethe, 1810, p. 111).

Goethe, por exemplo, não foi apenas um grande poeta, ele foi também um pesquisador. Em sua obra sobre a teoria das cores, ele descreve a experiência na qual, durante a contemplação das cores, "aquilo que é visto" sempre é transformado "em algo que é apalpado". "O sentido mais aguçado, a visão", escreve Goethe, "deve ser dissolvido no sentido mais obtuso, no tato, e assim tornar-se mais compreensível para nós". A cor só existe "se ela puder se tornar acessível ao tato". Como devemos entender isso? Só consigo entender desta forma:

precisamos passar da visão para o tato, deixar de ver para perceber e sentir com as mãos ou com todo o corpo.

Sabemos que a visão é nosso sentido mais apurado. É nosso sentido mais usado e mais desenvolvido. No entanto, através da visão, também formamos rapidamente uma opinião sobre um objeto. Existe uma ligação estreita entre ver um objeto e apreender rapidamente o que vemos intelectualmente. O simples "ver" de um objeto, por exemplo, um quadro, pode, por isso, conduzir também à superficialidade. Rápido demais chegamos à conclusão de que entendemos o que foi pintado. Mas para nos aprofundarmos, para compreendermos o contexto das cores e das formas, precisamos de mais: precisamos do sentido do tato. Mas este é muito menos nítido e claro. O sentido do tato é também lento, cauteloso. O que sentimos tateando é muito mais difícil de expressar em palavras, sobretudo em termos intelectuais, mesmo que nossas mãos sejam órgãos extremamente sensíveis. Mas não sentimos apenas com as mãos, usamos o sentido de tato de todo o corpo e traduzimos o que tateamos para pensamentos, emoções e intuições. Ou seja, a intuição é também uma espécie de sentido do tato. Assim, em relação à vivência de imagens, Goethe pede que contemplemos não apenas com o olho intelectual, mas com todo o corpo, que sintamos com todos os sentidos e funções psicológicas à nossa disposição.

Talvez Jung quisesse expressar algo semelhante quando perguntou:

Mas, afinal, por que razão levo os pacientes a se exprimirem por meio de um pincel, de um lápis, de uma pena, quando atingem um certo estágio de sua evolução? [...]. Antes de mais nada, o que interessa é que se produza um efeito.

Ele queria que seus pacientes lutassem com materiais objetivamente desconhecidos e com seus lados subjetivos, ainda inconscientes. Ele queria que eles fossem tocados e abalados por uma experiência que depois teria um efeito de expansão de seu ser.

Eu gostaria de mostrar como os pacientes aceitaram o convite de Jung para pintar e desenhar através de

→

alguns quadros de uma mulher de mais ou menos 50 anos de idade, que chamarei de A. Em geral, as séries de imagens do arquivo apresentam nenhuma explicação ou explicações muito sucintas. Essa série de imagens aqui apresentada é um "caso de sorte" para o nosso arquivo, pois A. pintou mais de 90 imagens ao longo de cerca de dois anos e acrescentou textos de acompanhamento muito pessoais no verso.

Trata-se de textos espontâneos, muitas vezes erráticos, que nem sempre são totalmente inteligíveis para nós, os leitores atuais. Originalmente escritos em inglês, eles são reproduzidos aqui numa tradução para o português. No texto inglês, A. se dirige a Jung como "*you*" – não sabemos se aqui Jung é uma figura interior ou se é seu analista concreto Jung. Traduzi o "*you*" como "você", porque me parece apropriado para a linguagem espontânea e emocional da escritora.

Nessa série, arquivada como "Caso 039"[1], A. descreve os sonhos, as emoções e as fantasias que a inspiraram a pintar, ou vice-versa: que emergiram das pinturas. Certas sequências são verdadeiras imaginações ativas, tal como Jung (2018, p. 65s.) as formulou, ou seja, uma imagem se desenvolve a partir de outra através da imaginação, e o texto que a acompanha também se desenvolve continuamente a partir daquilo que o precede.

Particularmente interessantes são as muitas passagens em que A. se dirige diretamente a Jung, seu analista, e este também se dirige a ela. Ela travou esse diálogo interior com ele praticamente durante todo o tempo da análise. Em muitos pontos, as fortes fantasias de transferência, muitas vezes com tons eróticos, também se tornam visíveis e perceptíveis.

Não sabemos em que medida esse diálogo aconteceu apenas na imaginação de A. ou também concretamente na conversa com Jung. Certamente encontramos uma mistura de ambos nos textos. (Sabemos, no entanto, que Jung trocava ideias com

seus pacientes sobre as imagens dele e as imagens dos pacientes. Muitas das imagens arquivadas dos pacientes de Jung apresentam semelhanças com as imagens do próprio Jung.) As imagens e os textos de A. certamente nos permitem aproximar-nos dos acontecimentos intensos e íntimos de um processo terapêutico.

No texto que acompanha sua primeira pintura em cores (não reproduzida aqui), A. descreve seu esforço para se dedicar à pintura:

Outono de 1927

Durante todo o outono, pareceu-me impossível desenhar ou pintar a partir da imaginação. Fiquei como que paralisada. As primeiras sete tentativas foram esforços desesperados contra a minha inclinação e não significaram quase nada para mim. Os desenhos parecem-se com os pequenos quadros que fazia quando tinha doze anos de idade. Mas aquelas eram tentativas realistas, enquanto estas são mais esforços decorativos.

Esse texto revela as dificuldades que A. tem ao pintar. A rejeição dos sentimentos e as dúvidas sobre a própria capacidade são quase a regra quando pedimos aos pacientes ou clientes que pintem suas imagens interiores. Eles têm dificuldade de entregar-se à pintura hoje tanto quanto no tempo de Jung.

Mas já na imagem seguinte (imagem 74) e no texto que a acompanha, A. expressa muito. Ela tem cerca de 50 anos de idade, tem medo, mas é suficientemente corajosa para subir uma escada íngreme sem corrimão. Vemos também que ela é uma pintora cuidadosa e paciente. Impressiona-me a representação diferenciada, estável e de estrutura masculina da parede e do templo, em contraste com o fundo de cores suaves, fluido e bastante feminino. No meio do quadro, na interseção desses contrastes, A. se encontra em cima do muro, na subida íngreme até o templo.

→

"MAS, AFINAL, POR QUE RAZÃO LEVO OS PACIENTES A SE EXPRIMIREM POR MEIO DE UM PINCEL, DE UM LÁPIS, DE UMA PENA?"

IMAGEM 74 • Anônimo, sem título, texto no verso, 17 de janeiro de 1928
Guache sobre papel, 29 × 23cm
Arquivo de imagens do Instituto C.G. Jung Zurique, Küsnacht, 039 BMAH

"MAS, AFINAL, POR QUE RAZÃO LEVO OS PACIENTES A SE EXPRIMIREM POR MEIO DE UM PINCEL, DE UM LÁPIS, DE UMA PENA?"

Texto no verso da imagem 74
Sonhei que estava subindo uma escada comprida e bastante estreita. Grandes cubos de pedras que se desfaziam – nada em que pudesse me agarrar – medo de cair. No meio da subida, uma referência à minha idade de 50 anos, paro. Depois continuo a subir. No alto, encontra-se a entrada de um templo onde um sumo sacerdote espera para me receber.

A imagem seguinte (imagem 75) é uma imagem muito forte, estática e marcante em cor e forma. As cores são aplicadas em camadas grossas e têm um brilho intenso. Os dois tons de vermelho e a espada laranja flamejante brilham em nossa direção. Sobre o solo verde forte e diante do fundo azul intenso, a figura tem para mim algo digno, sagrado, também masculino, mas, além disso, tem também algo feminino. Um fascínio muito forte emana dos olhos intensos, da espada e das cores. De que profundidade inconsciente é que a mulher esbelta em cima do muro retira a força para pintar essa imagem? Talvez de seu pai, de quem recebeu a espada?

IMAGEM 75

Texto no verso da imagem 75
Como sou incapaz de imaginar qualquer coisa sacerdotal que me impressionasse ou confortasse, essa figura fálica e escarlate é o melhor que consigo produzir. Esta ostenta algo que, inicialmente, eu pretendia pintar como uma espada flamejante, mas que agora se assemelha a uma espada que meu pai trouxe de África.

Existe um comentário de Jung sobre a imagem com a tulipa (imagem 76)[2]. Mas se eu ouvir minha intuição e seguir minhas reflexões, vejo aqui, como também na imagem seguinte, esteticamente muito bela com o guarda-rios (imagem 77), uma tentativa de manter unida e suportar a emoção muito forte que a figura vermelha com a espada deve ter provocado nela.

IMAGEM 76   IMAGEM 77

Texto no verso da imagem 76
Você sugeriu que eu pintasse uma imagem do que vejo a seguir – ao entrar no templo. Com esse pensamento louco de que poderia ser o céu. Penso que um círculo é a única forma de representá-lo. Coloquei a flor em crescimento no centro, com a ideia de criação e realização.

Texto no verso da imagem 77
Ainda com a intenção de expressar o céu, a realização ou a maior realização possível, pinto este quadro do guarda-rios que aponta para o Norte, Leste, Sul e Oeste.

IMAGEM 75 • Anônimo, sem título, texto no verso, 19 de janeiro de 1928
Guache sobre papel, 29 × 23cm
Arquivo de imagens do Instituto C.G. Jung Zurique, Küsnacht, 039 BMAI

"MAS, AFINAL, POR QUE RAZÃO LEVO OS PACIENTES A SE EXPRIMIREM POR MEIO DE UM PINCEL, DE UM LÁPIS, DE UMA PENA?"

IMAGEM 76 • Anônimo, sem título, texto no verso, 21 de janeiro de 1928
Guache sobre papel, 29 × 23cm
Arquivo de imagens do Instituto C.G. Jung Zurique, Küsnacht, 039 BMAK

"MAS, AFINAL, POR QUE RAZÃO LEVO OS PACIENTES A SE EXPRIMIREM POR MEIO DE UM PINCEL, DE UM LÁPIS, DE UMA PENA?"

IMAGEM 77 • Anônimo, sem título, texto no verso, 22 de janeiro de 1928
Guache sobre papel, 29 × 23cm
Arquivo de imagens do Instituto C.G. Jung Zurique, Küsnacht, 039 BMAL

IMAGEM 78 • À DIREITA: Anônimo, sem título, texto no verso, 23 de janeiro de 1928
Guache sobre papel, 29 × 23cm
Arquivo de imagens do Instituto C.G. Jung Zurique, Küsnacht, 039 BMAM

IMAGEM 79 • À DIREITA: Anônimo, sem título, texto no verso, 24 de janeiro de 1928
Guache sobre papel, 29 × 23cm
Arquivo de imagens do Instituto C.G. Jung Zurique, Küsnacht, 039 BMAN

IMAGEM 80 • À DIREITA: Anônimo, sem título, texto no verso, 24 de janeiro de 1928
Guache sobre papel, 29 × 23cm
Arquivo de imagens do Instituto C.G. Jung Zurique, Küsnacht, 039 BMAO

IMAGEM 81 • À DIREITA: Anônimo, sem título, texto no verso, 25 de janeiro de 1928
Guache sobre papel, 29 × 23cm
Arquivo de imagens do Instituto C.G. Jung Zurique, Küsnacht, 039 BMAP

"MAS, AFINAL, POR QUE RAZÃO LEVO OS PACIENTES A SE EXPRIMIREM POR MEIO DE UM PINCEL, DE UM LÁPIS, DE UMA PENA?"

Dentro de seis dias, A. pinta essas duas imagens (imagens 76 e 77) e outras quatro, mais simples e mais abstratas (imagens 78, 79, 80 e 81).

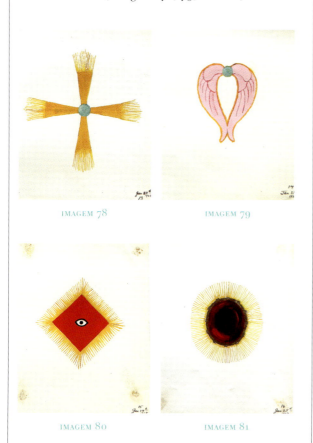

IMAGEM 78   IMAGEM 79

IMAGEM 80   IMAGEM 81

Todas essas seis imagens expressam uma forte orientação centrada no espaço. As formas do círculo e do quadrado mantêm a energia psíquica unida, o que pode indicar que A. corria o risco de ser dominada pelas fantasias ainda inconscientes, indiferenciadas e provavelmente também exageradas, desencadeadas pelas imagens do céu, do templo e do sacerdote. Acredito que A. pintou essas imagens centralizadoras de forma bastante instintiva. O pincel concedeu às suas emoções fortes as formas corretas que a conduziram ao seu centro pessoal. As pequenas pinturas não têm texto de acompanhamento, aparentemente não eram necessárias palavras para descrever o que estava acontecendo. Depois, Jung deve ter apontado (imagem 82) que era cedo demais para "subir ao céu", primeiro A. precisava "voltar-se para os mistérios". Suponho que ele se referia aos mistérios de Deméter, ou seja, a uma iniciação ao mistério do feminino[3]. Em minhas palavras, eu diria: todo templo ou torre precisa de um fundamento sólido na terra. Todo desenvolvimento do espiritual ou de um intelecto de grande aspiração necessita uma base sólida no corpo, no feminino e no sentimento. Quanto mais alto se constrói o templo, mais profundo precisa ser o alicerce na terra. Por isso, A. precisava agora orientar-se "para baixo", voltar-se para sua feminilidade.

A imagem (figura 82), um corte através de um grão de trigo em germinação com palha, é belíssima. As cores são finamente diferenciadas, as formas interiores se movem, mas são mantidas por dois quadrados. O germe verde do grão assemelha-se à forma da espada da figura vermelha.

Os dois quadrados azuis, com um desvio de 45°, formam um octógono, a forma que conduz do quadrado, símbolo da terra, ao círculo, símbolo do céu. No cristianismo, encontramos o octógono nos baptistérios como forma de recomeço e ressurreição. Será que A. estava ciente do profundo simbolismo de sua imagem?

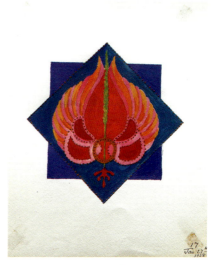

IMAGEM 82

Texto no verso da imagem 82
Você acha que é muito cedo para o céu – estou tentando pintar o crescimento de uma espiga de trigo.

IMAGEM 82 • Anônimo, sem título, texto no verso, 27 de janeiro de 1928
Guache sobre papel, 29 × 23cm
Arquivo de imagens do Instituto C.G. Jung Zurique, Küsnacht, 039 BMAQ

"MAS, AFINAL, POR QUE RAZÃO LEVO OS PACIENTES A SE EXPRIMIREM POR MEIO DE UM PINCEL, DE UM LÁPIS, DE UMA PENA?"

A imagem seguinte (imagem 83) não tem palavras e não precisa de palavras.

No entanto, tomo a liberdade de mencionar que essa imagem, como muitas outras de A., é indica-tiva da época em que viveu. Ela contém fortes elementos *art déco*, um movimento artístico que, próximo da *art nouveau*, esteve na moda entre 1920 e 1940.

IMAGEM 83 · Anônimo, sem título, texto no verso, 29 de janeiro de 1928
Guache sobre papel, 29 × 23cm
Arquivo de imagens do Instituto C.G. Jung Zurique, Küsnacht, 039 BMAR

"MAS, AFINAL, POR QUE RAZÃO LEVO OS PACIENTES A SE EXPRIMIREM POR MEIO DE UM PINCEL, DE UM LÁPIS, DE UMA PENA?"

IMAGEM 84 • Anônimo, sem título, texto no verso, 30 de janeiro de 1928
Guache sobre papel, 29 × 23cm
Arquivo de imagens do Instituto C.G. Jung Zurique, Küsnacht, 039 BMAS

"MAS, AFINAL, POR QUE RAZÃO LEVO OS PACIENTES A SE EXPRIMIREM POR MEIO DE UM PINCEL, DE UM LÁPIS, DE UMA PENA?"

A imagem seguinte (imagem 84) e seu texto também falam por si sós. Que formas e cores suaves e sensuais vemos agora!

Texto no verso da imagem 84
Essa é uma imagem de como estou começando a me sentir – profundezas muito sexuais e femininas que estão irrompendo.

Passados alguns dias, porém, a situação muda. Suponho que o despertar da feminilidade e da sexualidade animou muito as fantasias de A. com seu analista. E isso não surpreende, pois Jung tinha pouco mais de 50 anos naquela época e certamente era um homem muito atraente que atraía muitas projeções. No entanto, penso que, no texto no verso da imagem 85, A. não cita o próprio Jung, mas seu "Jung interior".

IMAGEM 85

Texto no verso da imagem 85
Você me instrui a entrar ainda mais no templo. Primeiro, há um longo corredor com luzes tremeluzentes que assumem as formas simbólicas que pintei. Mas, de repente, vejo, de forma cintilante, mas clara, uma serpente enrolada, marrom com manchas negras. Meu coração, tomado de terror, bate com tanta força que não consigo continuar pintando esta imagem. Faço um esforço especial para pintar o ovo com nitidez.

É claro que, ao ver a macieira estilizada e a serpente, pensamos na tentação do paraíso. Mas vejamos o texto. Aparentemente, A. seguiu sua imaginação e se assustou tanto com o aparecimento da serpente que precisou pintar essa imagem para poder conter a emoção sexual. Nessa imagem, a cobra ainda não tem rosto.

Mas no quadro seguinte (quadro 86), ela mostra o rosto. A serpente parece assustadora, sinistra, mas, de alguma forma, também ambígua, desagradável. A. descreve a serpente como masculina. Mas, depois de olhar para ela durante muito tempo, ela parece ser macho e fêmea; o rosto perigoso como masculino, o corpo como feminino.

IMAGEM 86

"MAS, AFINAL, POR QUE RAZÃO LEVO OS PACIENTES A SE EXPRIMIREM POR MEIO DE UM PINCEL, DE UM LÁPIS, DE UMA PENA?"

IMAGEM 85 • Anônimo, sem título, texto no verso, 2 de fevereiro de 1928
Guache sobre papel, 29 × 23cm
Arquivo de imagens do Instituto C.G. Jung Zurique, Küsnacht, 039 BMAT

"MAS, AFINAL, POR QUE RAZÃO LEVO OS PACIENTES A SE EXPRIMIREM POR MEIO DE UM PINCEL, DE UM LÁPIS, DE UMA PENA?"

IMAGEM 86 • Anônimo, sem título, texto no verso, 3 de fevereiro de 1928
Guache sobre papel, 29 × 23cm
Arquivo de imagens do Instituto C.G. Jung Zurique, Küsnacht, 039 BMAU

"MAS, AFINAL, POR QUE RAZÃO LEVO OS PACIENTES A SE EXPRIMIREM POR MEIO DE UM PINCEL, DE UM LÁPIS, DE UMA PENA?"

Atrás da serpente, vemos um ser transparente, semelhante a um espírito, com as mãos cruzadas na frente do peito, como se ele/ela precisasse se proteger da poderosa energia da serpente.

Texto no verso da imagem 86
Um corredor conduz a uma escada de pedra, muito íngreme. Quase caio. No fim, há uma sala grande e bonita, alta, escura dos lados. Você está na luz. Diz muito suavemente: "Vê, isso é tudo que existe". Entendo que você está tentando me encorajar, mas também que preciso ir sozinha – por isso continuo em direção às sombras, onde espero encontrar a cobra. No alto da parede há uma imagem, um afresco de uma figura sobrenatural qualquer. Abaixo dela, vejo a serpente, enorme e horrenda, com manchas amarelas, contorcendo-se e levantando a cabeça. Aproximo-me – horrorizada, preciso tocá-lo [no original "him", ou seja, a cobra é masculina, R. A.]. De repente, percebo que estou muito excitada sexualmente. Quero continuar, mas está tudo escuro à minha volta. Sozinha nesse terror. De repente, abre-se uma porta para uma lógia cheia de luz e, ao fundo, mas vindo em minha direção, um lindo bebê – como um anjo renascentista. E há decorações renascentistas na lógia, nas colunas e em cima delas. Estou comovida e emocionada, mas, de repente, percebo que, provavelmente, é apenas um sonho freudiano de realização de desejos e sinto-me transportada de volta à realidade.

Se voltarmos agora para a citação de Jung mencionada no início,

> *Mas, afinal, por que razão levo os pacientes a se exprimirem por meio de um pincel, de um lápis, de uma pena, quando atingem um certo estágio de sua evolução? [...] Antes de mais nada, o que interessa é que se produza um efeito [...].*

Podemos ver muito claramente nas pinturas de A. o efeito emocional e físico de suas imagens que emergem do inconsciente. Numa conversa puramente terapêutica, as emoções teriam sido desencadeadas, mas nunca de uma forma tão poderosa, intensificada pela cor e pela forma. Mas também vemos que o método da imaginação ativa ou de permitir que as imagens interiores surjam e de pintá-las não é inofensivo. Forças físico-emocionais são acionadas – como as da imagem da serpente – que não podem ser mantidas e transformadas por esforço próprio. Não se trata apenas de forças espirituais, mas também de forças físicas holísticas. A. também precisou da ajuda de seu médico e analista. No entanto, sua reação no momento da redação está bem evidente no texto: ela se viu obrigada a de invalidar o horror, ou seja, ela precisou desvalorizar seus sentimentos, menosprezá-los como "apenas um pensamento freudiano de realização de desejos" para poder suportá-los.

Mas voltemos para a imagem da macieira e da serpente (imagem 85).

Ao pintar, A. dá grande importância ao ovo que se encontra ao pé da árvore. O ovo é muito importante para ela porque ele contém – provavelmente ainda inconscientemente – o germe de sua nova personalidade ou seu lado masculino e seu lado feminino-materno. Em 22 quadros subsequentes, um quadro por dia, o ovo evolui e se transforma em bebê, em rapaz, depois em homem e em sua relação como mulher com essas figuras internas.

É impossível mostrar essas imagens aqui, pois isso ultrapassaria os limites deste livro. Mas os leitores interessados são convidados a estudar toda a série no arquivo de imagens.

Passo agora de 3 de fevereiro para 23 de março de 1928, para a imagem 87.

Mais uma vez, A. está falando com seu analista.

→

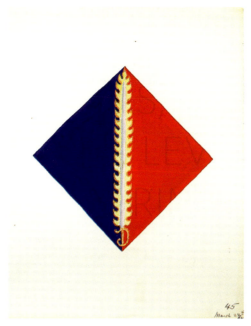

IMAGEM 87

Texto no verso da imagem 87
Mas quando volto a entrar na casa, você não está lá. As cortinas esvoaçam ao vento. Tudo está vazio e inquieto. Confusa e infeliz, penso que talvez você tenha voltado para o templo inferior. Pergunto-me por que os homens gostam mais de templos do que de casas. Interrompo aqui e sigo você. Os pilares vermelhos me lembram o templo do céu. Entro timidamente. A grande sala onde vi você está vazia. À esquerda, uma pequena porta se esconde atrás de uma cortina. Passo por outra sala grande, muito sombria, de um vermelho escuro. Vejo um enorme sofá vermelho. E exatamente na frente da porta há uma espada iluminada como um palco. Há também um grande globo terrestre, cuja moldura se eleva para além do centro. Sinto-me muito abandonada e acho que é o tipo de lugar em que Isadora teria gostado de dançar, mas eu não gostei. Da parede com a cortina atrás da espada, surge de repente um pequeno gatinho branco. Ele tem olhos azuis profundos e olha para mim, depois se vira e desaparece novamente atrás da espada. Aparentemente, há uma passagem. Sigo o gato e encontro outra sala, bastante escura, mas, para meu grande alívio, vejo sua mão estendida na manga do seu casaco azul. Agarro-a e você me puxa para dentro e se senta ao meu lado. Sinto-me completamente envolvida e segura e feliz, e depois você aponta para uma porta no outro extremo, onde aparece uma luz cintilante e iridescente. Vejo um edifício azul como o templo do céu. Imagino-o como ele realmente é e vejo você de pé num círculo aberto para o céu, onde o governante se ajoelhava. Mas está tudo errado. A pintura da espada significa opostos muito divididos. Eu sou simples demais. Completamente confusa e desesperada. Mandaram-me tirar férias por meses. A senhora Wolff é simpática e me recebe algumas vezes para atenuar o choque.

Aparentemente, A. é retirada violentamente de sua imaginação: Jung vai embora. Provavelmente, ele se retira para sua torre de Bollingen para tirar umas férias ou para dar seguimento a seus estudos. A. é confrontada com a realidade, está absolutamente confusa e desesperada. Em sua decepção por Jung a ter "abandonado", ela vê a imagem e a si mesma de forma negativa. Na verdade, a espada separa os opostos do vermelho e do azul, do ativo e do passivo, do masculino e do feminino. O vermelho salta em nossa direção, o azul recua. Muitos aspectos opostos do vermelho e do azul são separados – ou também conectados – pela espada. A espada recortada parece-me também, de forma banal, um simples zíper que conecta. Como podemos ler no texto, na situação real, Toni Wolff conecta a relação agora interrompida com Jung.

"MAS, AFINAL, POR QUE RAZÃO LEVO OS PACIENTES A SE EXPRIMIREM POR MEIO DE UM PINCEL, DE UM LÁPIS, DE UMA PENA?"

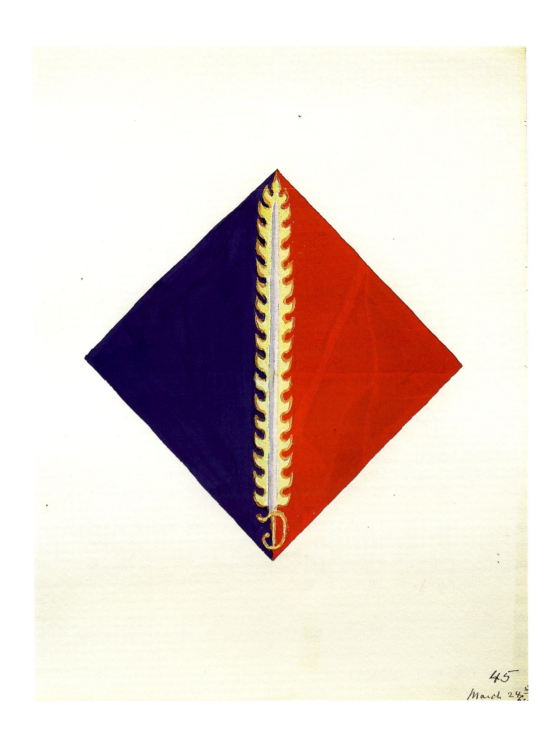

IMAGEM 87 • Anônimo, sem título, texto no verso, 24 de março de 1928
Guache sobre papel, 29 × 23cm
Arquivo de imagens do Instituto C.G. Jung Zurique, Küsnacht, 039 BMBU

"MAS, AFINAL, POR QUE RAZÃO LEVO OS PACIENTES A SE EXPRIMIREM POR MEIO DE UM PINCEL, DE UM LÁPIS, DE UMA PENA?"

IMAGEM 88

IMAGEM 89

Texto no verso da imagem 88
Imagino uma oferenda de frutas numa tigela indiana. Isso me leva a imaginar visitá-lo no campo em sua torre, o que me traz uma grande felicidade.

Entre março e outubro, A. pinta muitas imagens, escreve pequenos textos, mas sem se dirigir a Jung. Só uma vez ela tem uma imaginação e a pinta na imagem 88. Em sua simplicidade quase ingênua, o quadro tem algo de comovente.
É claro que podemos relacioná-lo com a imagem 85, onde a serpente sobe pela macieira, e reconhecer símbolos eróticos nas maçãs. Elas também são redondas, tentadoras, muito sensuais. No entanto, o gesto de querer entregar a seu analista uma simples tigela de maçãs, fruto primordial da nossa terra, parece-me tão terreno, tão comoventemente distante dos templos, do céu, das grandes projeções e imagens de transferência exageradas, que desenvolvo um sentimento caloroso e amigável pela imagem de A. Imagino que Toni Wolff, "a preenchedora de lacunas", tenha despertado e desenvolvido um lado novo em A.

Texto no verso da imagem 89
Da depressão e da confusão, emerge o terror azul. Acho que pode ser meu pensamento arcaico. Você comenta que ele parece não suportar a luz do dia, porque parece estar recuando.

Em outubro de 1928, após três meses de férias sem imagens nem textos, A. inicia o segundo ano de análise. Seleciono mais uma imagem (imagem 89) de abril de 1929, que é também a 89ª imagem da série e, portanto, uma das últimas.
O texto que a acompanha é sombrio. Mas conhecendo toda a série de imagens e textos, permito-me uma interpretação menos sombria da imagem. É minha imagem preferida de A., ela irradia uma força incrível. As cores grossamente aplicadas preenchem toda a folha. Nenhuma faixa branca é reservada. O "monstro" azul com uma espinha verde-clara serpenteia desde o canto inferior esquerdo escuro até a luz, mas depois se afasta do sol, não apenas de volta para a escuridão, mas para encarar o observador; ele entra em contato conosco. Os olhos são como holofotes – o que eles nos dizem?

→

"MAS, AFINAL, POR QUE RAZÃO LEVO OS PACIENTES A SE EXPRIMIREM POR MEIO DE UM PINCEL, DE UM LÁPIS, DE UMA PENA?"

IMAGEM 88 • Anônimo, sem título, texto no verso, 15 de junho de 1928
Guache sobre papel, 29 × 23cm
Arquivo de imagens do Instituto C.G. Jung Zurique, Küsnacht, 039 BMCI

"MAS, AFINAL, POR QUE RAZÃO LEVO OS PACIENTES A SE EXPRIMIREM POR MEIO DE UM PINCEL, DE UM LÁPIS, DE UMA PENA?"

IMAGEM 89 • Anônimo, sem título, texto no verso, abril de 1929
Guache sobre papel, 29 × 23cm
Arquivo de imagens do Instituto C.G. Jung Zurique, Küsnacht, 039 BMED

"MAS, AFINAL, POR QUE RAZÃO LEVO OS PACIENTES A SE EXPRIMIREM POR MEIO DE UM PINCEL, DE UM LÁPIS, DE UMA PENA?"

As cores na imagem mudaram do vermelho e do azul fortes que estavam separados (ou unidos) pela espada na pintura 87. O azul ainda está presente no corpo do animal rasteiro. Mas encontramos agora o vermelho masculino, ativo, e até agressivo, numa forma diferenciada: na parte superior da imagem, um pouco de vermelho vivo se mistura com o amarelo para formar um laranja brilhante e luminoso, sugerindo a luz, o dia. Na parte pesada e inferior da imagem, o vermelho intenso se mistura com o azul para formar um roxo escuro, que, por sua vez, comunica terra, escuridão, noite. Há fortes contrastes na imagem: em cima – embaixo, leve – pesado, laranja claro – roxo profundo, dia – noite.

Depois, vemos um círculo escuro no canto inferior esquerdo, formado pela cauda do monstro ou recortado do fundo roxo – e um círculo laranja claro no canto superior direito, o sol. Existe uma forte tensão entre os dois círculos, ou seja, a tensão entre o inconsciente sombrio e a consciência luminosa.

O monstro está visivelmente entrincheirado no submundo escuro, mas com que determinação ele recupera um pedaço de luz do mundo superior! Esse processo parece se repetir continuamente, pois o corpo azul chega a sugerir o sinal do infinito. É possível retraçar esse movimento com a mão!

Mas isso não é tudo: a cabeça do monstro, também um círculo, conecta o círculo escuro embaixo à esquerda ao círculo do sol em cima à direita; é a terceira coisa que nasce da tensão entre o inconsciente e o consciente e contém em si a união dos opostos, o novo, o inesperado. Na minha imaginação, o monstro azul diz: "Eu sou a função transcendente que une os conteúdos conscientes e inconscientes". E Jung diz: "A função transcendente não pretende sugerir nada de misterioso, de suprassensível ou metafísico [...]" (OC 8/2, § 131). Isso certamente se aplica à função em si, mas não para o que dela emerge: existe algo mais misterioso do que uma imagem que emerge como algo novo a partir da união de conteúdos conscientes e inconscientes? Acredito que não.

Tanto a série de imagens de A. como as muitas outras séries do arquivo de imagens são segredos pintados com dedicação e grande cuidado, resultantes da misteriosa união entre a consciência e o inconsciente. E ainda hoje elas têm um efeito do qual jamais nos esquecemos.

O "segredo" se revela – não completamente, mas em parte – na última imagem da série de 16 de junho de 1929 (imagem 90).

Uma interpretação da imagem me parece desnecessária, mas eu gostaria de tentar me aproximar de seu efeito.

Uma forma suave e elegante – um funil, uma flor, uma trombeta? – emerge da água. Ela parece se nutrir do elemento húmido e fluido. Ela é vermelha, mas é um vermelho suave, ligeiramente alaranjado, feminino, sensual. O funil também é sensual, feminino, e lembra a representação anterior da sexualidade feminina. Inúmeros animais alados saem voando de seu interior, quase conseguimos vê-los esvoaçar e senti-los. São brilhantes, luminosos, lúdicos. Será que são ideias? Jogos mentais? Sonhos? Fantasias? Projeções? Projetos? Não sabemos. Vemos apenas que eles nascem das profundezas suaves e femininas, que, por sua vez, se alimentam na água. A maioria dos seres-borboleta morrerá, perecerá, apenas um – talvez – sobreviverá, escreve A. Talvez a borboleta superior? Radiante como uma estrela, ela parece voar para longe.

Texto no verso da imagem 90
Isso surgiu de um sentimento que se exprimia nestas formas e cores. Mas as borboletas foram sugeridas pela sua menção a "La vie des Termites" de Maeterlinck e o grandioso desperdício em seu sacrifício anual. Após um longo período de vida incrivelmente econômica e autossustentada, chega um dia em que elas esvoaçam – milhares de pequenas criaturas aladas, a maioria das quais morre – uma talvez sobreviva.

Não sabemos onde ela pousará, isso continuará sendo um mistério, mesmo depois de quase uma centena de imagens! E, no entanto, mesmo que não saibamos nenhum fato sobre a vida de A., podemos lançar um olhar profundo sobre as cores, as formas e as palavras de sua alma. Ela nos deu muito. Não precisamos entendê-la, mas podemos senti-la, tocá-la. Assim A. deixará um rastro em nossa memória. ✦

Notas

1 Caso 039, arquivo de imagens do Instituto C.G. Jung Zurique/Küsnacht.

2 Imagem 11 em Jung (OC 9/1, § 661).

3 Demeter Mysterien: Die Mysterien von Eleusis.

"MAS, AFINAL, POR QUE RAZÃO LEVO OS PACIENTES A SE EXPRIMIREM POR MEIO DE UM PINCEL, DE UM LÁPIS, DE UMA PENA?"

IMAGEM 90 • Anônimo, sem título, texto no verso, 16 de junho de 1929
Guache sobre papel, 29 × 23cm
Arquivo de imagens do Instituto C.G. Jung Zurique, Küsnacht, 039 BMEK

"MAS, AFINAL, POR QUE RAZÃO LEVO OS PACIENTES A SE EXPRIMIREM POR MEIO DE UM PINCEL, DE UM LÁPIS, DE UMA PENA?"

Catálogo:
SEXUALIDADE E CORPO

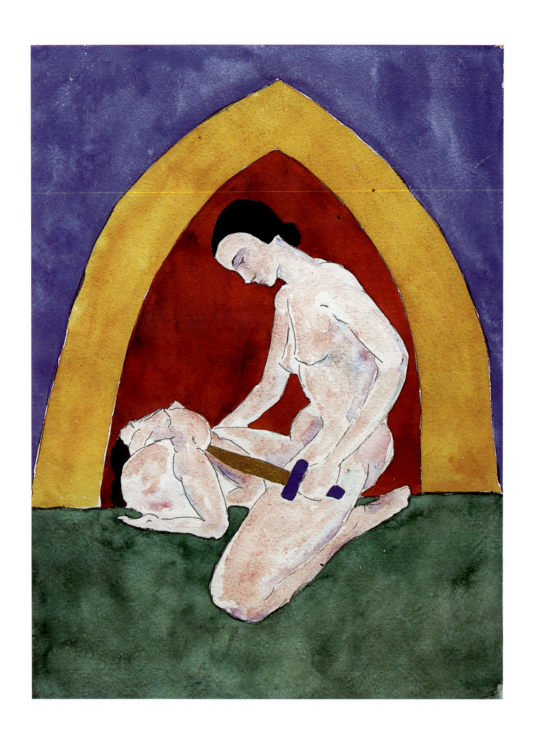

IMAGEM 91 • Anônimo, sem título, 1936
Guache sobre papel, 30 × 23cm
Arquivo de imagens do Instituto C.G. Jung Zurique, Küsnacht, 003 ACAM

IMAGEM 92 • Anônimo, sem título, 1936
Guache sobre papel, 30 × 23cm
Arquivo de imagens do Instituto C.G. Jung Zurique, Küsnacht, 003 ACAN

CATÁLOGO: SEXUALIDADE E CORPO

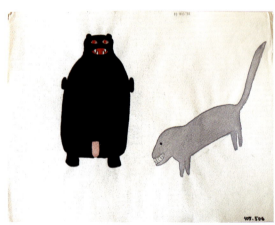

IMAGEM 93 • NO ALTO, À ESQUERDA:
Anônimo, sem título, sem data
Guache sobre papel, 15 × 9,5cm
Arquivo de imagens do Instituto C.G. Jung
Zurique, Küsnacht, 105 EBMK

IMAGEM 94 • NO ALTO, À DIREITA:
Anônimo, sem título, sem data
Guache sobre papel, 30 × 22cm
Arquivo de imagens do Instituto C.G. Jung
Zurique, Küsnacht, 005 EB JO

IMAGEM 95 • EMBAIXO, À ESQUERDA:
Anônimo, sem título, sem data
Guache sobre papel, 21,5 × 30,5cm
Arquivo de imagens do Instituto C.G. Jung
Zurique, Küsnacht, 105 EAVG

IMAGEM 96 • EMBAIXO, À DIREITA:
Anônimo, sem título, sem data
Guache sobre papel, 22 × 29cm
Arquivo de imagens do Instituto C.G. Jung
Zurique, Küsnacht, 105 EBEB

IMAGEM 97 • NO ALTO:
Anônimo, sem título, sem data
Guache sobre papel, 24 × 30cm
Arquivo de imagens do Instituto C.G. Jung
Zurique, Küsnacht, 105 EAUN

IMAGEM 98 • EMBAIXO:
Anônimo, sem título, sem data
Guache sobre papel, 24 × 30cm
Arquivo de imagens do Instituto C.G. Jung
Zurique, Küsnacht, 105 EAUO

CATÁLOGO: SEXUALIDADE E CORPO

IMAGEM 99 · Anônimo, sem título, sem data
Aquarela sobre papel, 23 × 17,5cm
Arquivo de imagens do Instituto C.G. Jung Zurique, Küsnacht, 056 CDAB

IMAGEM 100 • Anônimo, sem título, sem data
Guache sobre papel, 29 × 21,5cm
Arquivo de imagens do Instituto C.G. Jung Zurique, Küsnacht, 055 CC AB

CATÁLOGO: SEXUALIDADE E CORPO

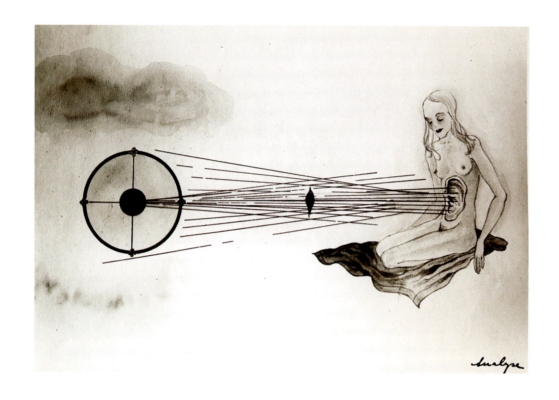

IMAGEM 101 • Anônimo, *Análise*, sem data
Fotografia (de uma aquarela), 13 × 18cm
Arquivo de imagens do Instituto C.G. Jung Zurique, Küsnacht, 064 CLAC

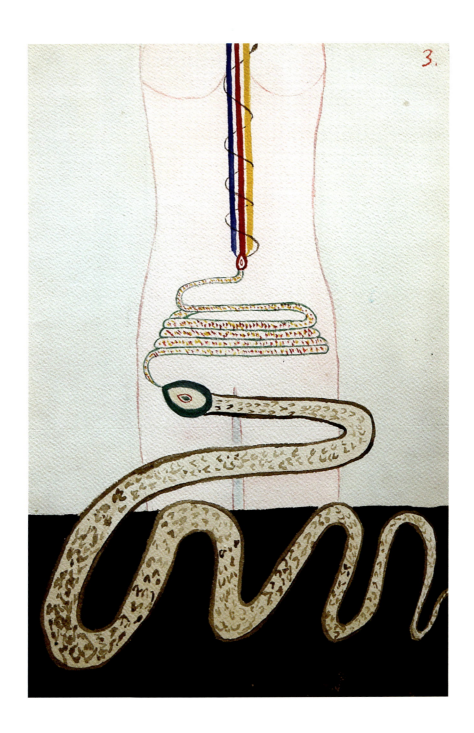

IMAGEM 102 • Anônimo, sem título, novembro de 1928
Guache sobre papel, 31 × 21cm
Arquivo de imagens do Instituto C.G. Jung Zurique, Küsnacht, 028 BB AC

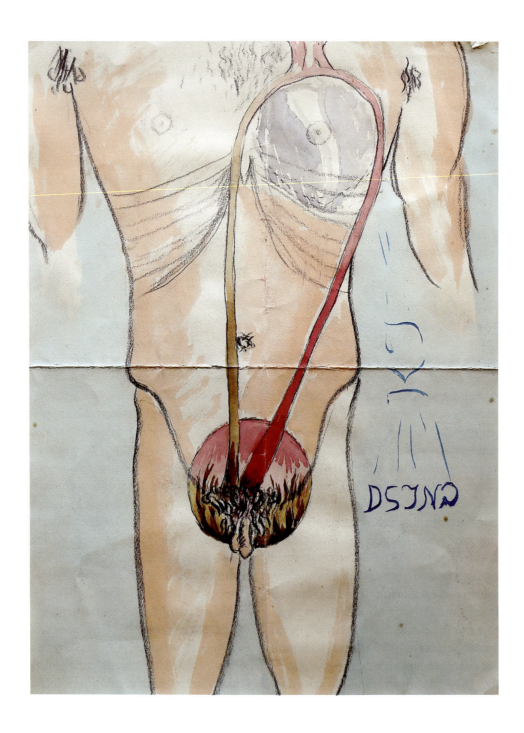

IMAGEM 103 • Anônimo, sem título, sem data
Guache e lápis sobre papel, 36 × 26,5cm
Arquivo de imagens do Instituto C.G. Jung Zurique, Küsnacht, 061 CIAB

CATÁLOGO: SEXUALIDADE E CORPO

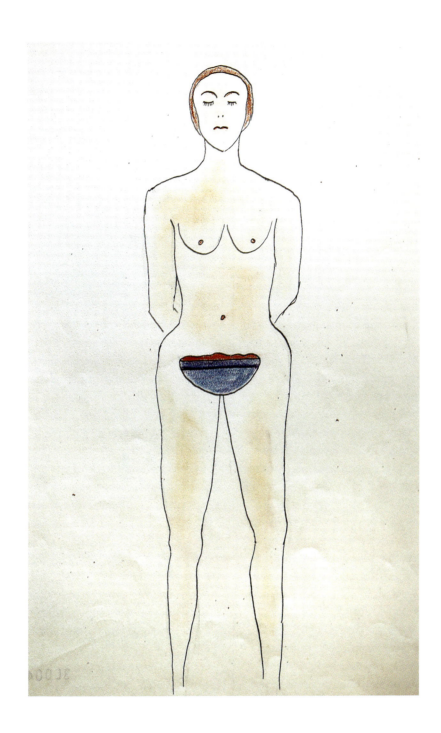

IMAGEM 104 • Anônimo, sem título, sem data
Lápis e lápis de cor sobre papel, 29,5 × 20,5cm
Arquivo de imagens do Instituto C.G. Jung Zurique, Küsnacht, 030 BD AD

CATÁLOGO: SEXUALIDADE E CORPO

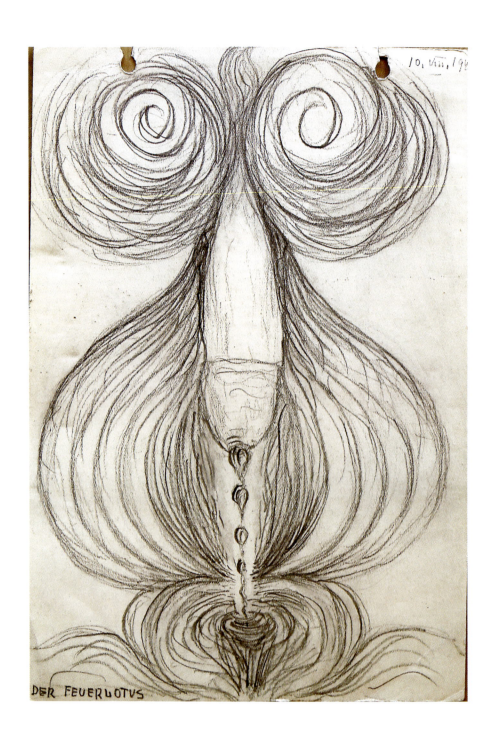

IMAGEM 105 • Anônimo, *O lótus de fogo*, 10 de agosto de 1940
Lápis sobre papel, 21 × 14,5cm
Arquivo de imagens do Instituto C.G. Jung Zurique, Küsnacht, 077 CYDM

CATÁLOGO: SEXUALIDADE E CORPO

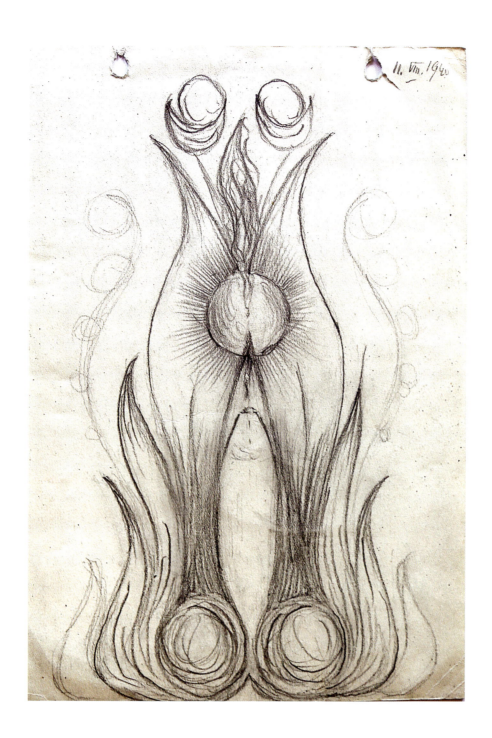

IMAGEM 106 • Anônimo, sem título, 11 de agosto de 1940
Lápis sobre papel, 21 × 14,5cm
Arquivo de imagens do Instituto C.G. Jung Zurique, Küsnacht, 077 CYDN

IMAGEM 107 • Anônimo, *Octopus e mãe*, sem data
Lápis sobre papel, 24,5 × 32cm
Arquivo de imagens do Instituto C.G. Jung Zurique, Küsnacht, 026 AEAM

CATÁLOGO: SEXUALIDADE E CORPO

IMAGEM 108 • Anônimo, *De Leviatan sterft gelijk met Christus* (*O Leviatã morre igual a Cristo*), sem data
Carvão sobre papel, 58,5 × 53,5cm
Arquivo de imagens do Instituto C.G. Jung Zurique, Küsnacht, 034 BHAQ

IMAGEM 109 · NO ALTO:
Anônimo,
De zwarte Madonna
(*A Madona negra*), sem data
Carvão sobre papel, 58,5 × 53,5cm
Arquivo de imagens do Instituto C.G. Jung
Zurique, Küsnacht, 034 BHAU

EMBAIXO:
Anônimo, sem título, sem data
Carvão sobre papel, 58,5 × 53,5cm
Arquivo de imagens do Instituto C.G. Jung
Zurique, Küsnacht, 034 BHAW
Cf. tb. a imagem 2 no
artigo de Vicente L. de Moura, p. 22

CATÁLOGO: SEXUALIDADE E CORPO

IMAGEM 110 • Anônimo, sem título, 22 de setembro de 1934
Guache sobre papel, 27 × 20cm
Arquivo de imagens do Instituto C.G. Jung Zurique, Küsnacht, 002 ABAM

IMAGEM 111 • Anônimo, sem título, 2 de dezembro de 1934
Guache sobre papel, 19,5 × 13cm
Arquivo de imagens do Instituto C.G. Jung Zurique, Küsnacht, 002 ABAP

IMAGEM 112 • Anônimo, sem título, 27 de julho de 1935
Guache sobre papel, 23 × 18cm
Arquivo de imagens do Instituto C.G. Jung Zurique, Küsnacht, 002 ABFC

IMAGEM 113 • Anônimo, sem título, 27 de julho de 1935
Guache sobre papel, 23 × 18cm
Arquivo de imagens do Instituto C.G. Jung Zurique, Küsnacht, 002 ABFD

CATÁLOGO: SEXUALIDADE E CORPO

IMAGEM 114 • Anônimo, sem título, 25 de abril de 1936
Guache sobre papel, 22,5 × 18cm
Arquivo de imagens do Instituto C.G. Jung Zurique, Küsnacht, 002 ABGN

CATÁLOGO: SEXUALIDADE E CORPO

IMAGEM 115 • Anônimo, sem título, 12 de maio de 1936
Guache sobre papel, 23 × 18cm
Arquivo de imagens do Instituto C.G. Jung Zurique, Küsnacht, 002 ABGO

TEMPO APOCALÍPTICO
Uma série de imagens da Segunda Guerra Mundial

Ingrid Riedel

INFORMAÇÕES GERAIS SOBRE A SÉRIE DE IMAGENS

A série de 28 imagens no total, doze das quais estão reproduzidas aqui, está registada no arquivo de imagens do Instituto C.G. Jung em Zurique sob o código 041 (BO). O fato de Jung ter guardado essa série de imagens em sua coleção pessoal sugere que ele esteve em contato terapêutico com a pessoa que as pintou e que ele conversou com ela sobre as imagens, também para processar com ela as experiências traumáticas da guerra contidas nelas. Quem era ela?

O contexto pessoal das imagens se limita às legendas manuscritas que as acompanham. É provável que a pintora, também devido a algumas características geracionais de sua caligrafia, tenha sido uma mulher alemã de cerca de 40 anos de idade que vivenciou a guerra, especialmente os bombardeios numa grande cidade alemã.

As pinturas também ostentam as datas de 1939 a 1945, mas algumas delas também informam datas de 1947, o que pode indicar que várias dessas pinturas foram criadas imediatamente após o período da guerra, enquanto outras podem ter sido criadas durante a guerra. Provavelmente, a artista dessa série esteve em análise com Jung imediatamente após a guerra. As pinturas são bem-estruturadas. Em termos de técnica de pintura, elas consistem em guache fortemente aplicado sobre cartolina. Esse fato evidencia de forma imediata o peso interior da série. A série nunca foi publicada até agora. No entanto, ela foi exposta em 1998, por ocasião do 50º aniversário do Instituto C.G. Jung em Zurique, na galeria Zum Höchhuus em Küsnacht e, na época, veio acompanhada de um comentário psicológico de Kathrin Asper, a quem devo informações valiosas.

Tempo apocalíptico

"A tempestade sobre a Alemanha começa! 1939. Demônios do fogo – alimentados pelo sangue", lemos na legenda, escrita pela artista no verso de cada quadro (imagem 116). *Tempo Apocalíptico* é também o título que ela dá a essa imagem, que coloco aqui no início, apesar de ter sido pintada no meio da série – pois transmite a sensação de uma visão do que está por vir. A pintora registra o ano de 1939, quando começa a Segunda Guerra Mundial com as invasões alemãs de Hitler nos países vizinhos, primeiro na Polônia. A pintora vivencia as consequências disso, o bombardeamento das cidades alemãs pelos Aliados, como uma civil numa grande cidade alemã, onde, aos olhos dela, são soltos os "demônios do fogo", "alimentados pelo sangue", pelo sangue das centenas de milhares que morrem na guerra.

→

IMAGEM 116 • Anônimo, *Tempo apocalíptico: A tempestade sobre a Alemanha começa! 1939. Demônios do fogo – alimentados pelo sangue*, 1939
Guache sobre cartolina, 24,7 × 17,4cm
Arquivo de imagens do Instituto C.G. Jung Zurique, Küsnacht, 041 BOAR

Aquilo que a acomete na forma de ataques aéreos é vivenciado por ela como algo sobre-humano. Os "demônios do fogo" são liberados. A violência parte da figura demoníaca no quadrante superior esquerdo da imagem – no qual, como mostra a experiência, aparecem frequentemente os símbolos do superordenado, do fatídico – e atravessa o quadro na diagonal em direção ao canto inferior direito, visando, por assim dizer, o lugar simbólico-espacial da segurança (tal como tem sido entendido no trabalho de interpretação arteterapêutica desde as sugestões de Jolande Jacobi). O lugar simbólico da segurança – também na própria pintora – é, assim, o alvo do ataque. Essa pintura transmite a impressão de uma condensação visionária do que aconteceu, dos ataques aéreos de 1942 a 1945.

"Do alto do céu", de onde normalmente esperamos coisas boas, mas aqui é transformado num horizonte sombrio do destino, a figura do demônio flamejante invade o espaço da imagem. As escamas do dorso e das pernas sugerem um dragão, cuja cauda sinuosa penetra a terra de onde ele se ergueu. Da mesma cratera de onde ele saiu, flameja aqui um fogo alto, semelhante ao fogo de um sacrifício.

O dragão, pintado em vermelho ardente, domina a imagem. O próprio fogo, permeado de fumaça, irradia um vermelho mais frio do que o dragão, um vermelho que se funde com a cor púrpura. Esse fogo também irradia da terra para o céu. Poderíamos até fazer uma referência à "sarça ardente". Nesse caso, o fogo seria um fogo de uma qualidade completamente diferente do dragão que anuncia a catástrofe – um pensamento simbólico que não parece impossível em vista do fato de a criadora dessa série ter sido profundamente religiosa, como veremos mais adiante.

Mas voltemos para o dragão, cujas trajetórias energéticas balançam para a esquerda no alto, e depois dão a volta e, avançando para a parte inferior direita – e agora, de repente, tudo fica mais concreto – se transformam em forma de aviões, que lançam sua carga explosiva numa cor ardente, passando pela chama púrpura, para a região inferior do lado direito da imagem. Em termos espacial-simbólicos, é o lado da imagem que representa especialmente o simbolismo da segurança, de estar em casa num espaço de vida maternal. É também essa a região na vida da artista que é almejada pelo ataque. O fato de ter sido atingida aqui deve ter sido o motivo emocionalmente necessário para criar essa imagem. Mas falta-nos o contexto pessoal, de modo que a interpretação precisa limitar-se objetivamente ao simbolismo coletivo de uma guerra de extermínio, que destrói a segurança do lar, da pátria – o que, por outro lado, a torna relevante para a atualidade, para o bombardeamento das cidades do Oriente Próximo e Médio, que produz milhões de pessoas desalojadas.

O que me parece peculiar nessa composição é a cratera ou poço que se abre nos montes de terra cinzentos-azulados-pretos na parte inferior da imagem, como se ambos emergissem dele: o dragão cuspidor de fogo que, igual a flechas flamejantes, lança seus esquadrões de bombas sobre a cidade dos inimigos, como um deus vingador – e também o fogo sacrificial, talvez a sarça ardente, na qual Deus se apresentou a Moisés para chamá-lo para libertar o povo da escravidão. Por um lado, o ódio e a vontade de destruir, por outro, a reverência e a vontade sacrificial de libertar: ambos brotam da mesma fonte profunda, a natureza ambivalente do homem. Ambos atormentaram e abalaram a criadora dessa série de imagens, provavelmente até a ponto de deixá-la traumatizada.

Rua morta

No verso da imagem, encontramos a descrição da mulher que a pintou: "Rua morta. Sonho no início da guerra, dezembro de 1939" (imagem 117). Como mostra a legenda, obviamente, essa imagem se refere a um sonho que a mulher em questão teve no início da Segunda Guerra Mundial, mesmo antes

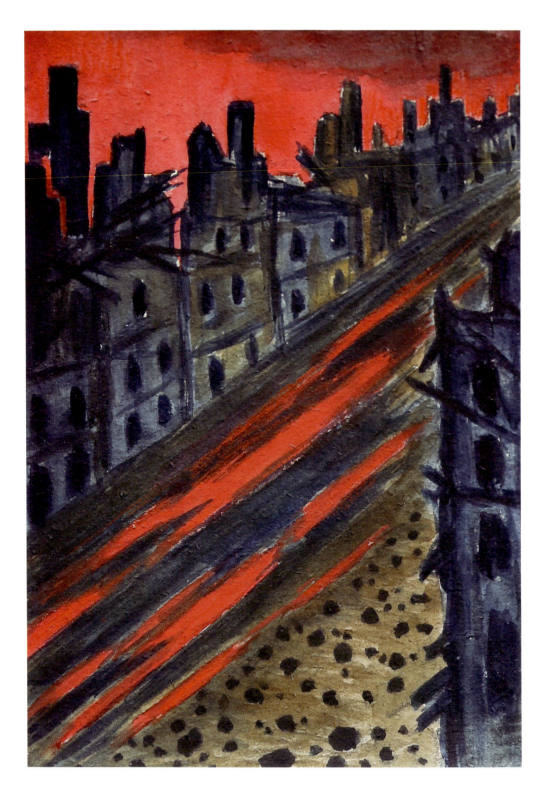

IMAGEM 117 • Anônimo, *Rua morta. Sonho no início da guerra*, dezembro de 1939
Guache sobre cartolina, 24,7 × 17,4cm
Arquivo de imagens do Instituto C.G. Jung Zurique, Küsnacht, 041 BO AC

de os acontecimentos previstos ocorrerem, e que ficou gravada profundamente em sua alma, de modo que ela criou essa pintura naquele tempo ou depois da guerra a partir da lembrança do sonho.

O que percebemos: a estrada atravessa o quadro da parte inferior esquerda para a parte superior direita, o que, em termos de simbolismo espacial, seria a direção para o futuro. Pinceladas largas e densas de têmpera preto, alternadas com vermelho-preto-vermelho, introduzem as cores da tensão e da destruição. De ambos os lados da rua, vemos as ruínas de casas, com suas fachadas partidas se erguendo para o céu e vigas pretas se estendendo para o lado da rua. Embaixo, à direita – no canto simbólico da segurança – uma chuva de pedras que caem dos edifícios destruídos, blocos pretos que caem sobre um chão marrom. No lado extremo do espaço, surge a ruína de uma casa de cinco ou mais andares, em preto e azul, com janelas pretas vazias. Essa poderia ser a casa, talvez até a casa paterna da pintora, porque ela se situa no quadrante simbólico da segurança do materno – no canto inferior direito. Aqui está simbolizada a dor da perda de um lar, que pode ter dado origem a essa imagem. No sonho agourento, que ela representa aqui, tudo já está destruído, a cidade está morta, não se vê uma única pessoa. E tudo é coberto por um céu vermelho, não uma aurora, mas um brilho de fogo. Esse sonho era premonição, agora é lembrança. Nossas cidades estavam assim, que eu também percorri na minha infância. Temíamos o vento forte e evitávamos a rua sobre a qual essas ruínas poderiam cair. Nesse contexto, podemos também lembrar o sonho de C.G. Jung, repetido três vezes, de um frio vindo do espaço, que ele teve em abril, maio e junho de 1914, antes do início da Primeira Guerra Mundial, e que ele também entendeu como uma premonição (Jung, 2016, LV, p. 133-135).

Guerra e morte

Visto que a legenda menciona todo o período de 1939 a 1945 (imagem 118), é óbvio que o quadro foi pintado depois de todo esse período, que, para a mulher afetada, é subordinado ao tema "Guerra: morte". Aqui, uma tremenda tempestade – como as desencadeadas por grandes incêndios – irrompe, vindo do lado direito do quadro, o mundo exterior, no espaço do quadro, onde o homem, com um capacete que o identifica como soldado, já não consegue mais se opor a ela. A árvore, cujo tronco ainda se inclina em direção à tempestade, já perdeu a copa. O homem que ainda estende os braços para a tempestade é jogado para trás, está prestes a cair, assim como sua arma já lhe caiu da mão. Seu gesto é comovente, ele está quase ajoelhado e implora, mas já sem esperança. Por trás de suas costas e sob as raízes da árvore, há ainda um pequeno espaço livre, mas que não parece ter nenhuma chance de resistir à força da tempestade de fogo negro e vermelho.

Essas tempestades de fogo, provocadas pelos bairros em chamas, podiam ser testemunhadas com horror em Munique, Dresden, mas também na minha cidade natal, a cidade industrial de Schweinfurt. Qualquer pessoa que fosse alcançada por seu poder era sugada e estava perdida. O homem de capacete – não estamos falando apenas dos civis nas cidades, mas de pessoas na guerra em geral – pode também ser uma figura simbólica do "soldado desconhecido" (como Kathrin Asper também afirma no comentário dela), que morreu em algum lugar e em lugar nenhum, que não foi acompanhado por ninguém e cujo túmulo nunca foi encontrado. É comovente para os familiares, é como um regresso para casa, quando eles encontram um túmulo após décadas, como eu já vivenciei várias vezes com as pessoas afetadas. Essa imagem é também um memorial!

→

IMAGEM 118 • Anônimo, *Guerra: 1ª Morte. 1939-1945*, sem data
Guache sobre cartolina, 24,7 × 17,4cm
Arquivo de imagens do Instituto C.G. Jung Zurique, Küsnacht, 041 BOAF

Em memória dos mortos

A legenda dessa imagem também diz "Guerra: Morte" (imagem 119), e é expressamente concebida como uma imagem de memória, dedicada aos desconhecidos que pereceram: "Em memória dos sem nome, perdidos, enterrados na solidão gelada! 1941-1945". Provavelmente, a imagem foi pintada depois da guerra. É uma referência à época da expansão da guerra contra a Rússia, ligada à catástrofe de Stalingrado; com os invernos gelados que também fizeram vítimas no leste da Europa e até na própria Alemanha, através da morte por fome e frio. A pintora lembra aqueles que morreram aqui numa solidão sem fim, sem companheiros, sem sepultura na vastidão indetectável da Rússia. Através da sua lembrança, ela os retira – e também a si mesma – do esquecimento, os traz para sua memória profundamente compassiva: é, sobretudo, um processamento do luto, também do trauma que esse tempo e todas as perdas de pessoas a ele associadas trouxeram. Não sabemos, mas é provável que pessoas que lhe eram próximas estivessem também entre as vítimas, que essa imagem seja também uma expressão de um luto muito pessoal.

A imagem, pintada inteiramente em cores de gelo e neve – branco, azul acinzentado e bege acinzentado – é permeada pela representação da neve que irrompe no quadro a partir da parte superior esquerda – a partir de onde os poderes funestos costumam agir – e que, a partir do céu cinzento que pende para o chão, atravessa diagonalmente a paisagem pictórica. Na parte inferior do quadro – sobre uma superfície de neve, um lago congelado – jazem os mortos, os congelados, cinco deles são visíveis. O mais próximo, à esquerda, está deitado de lado, de costas para nós, mas seus braços parecem ainda procurar alguém que o ampare. Em vão.

Só na memória, na lembrança, a pintora e nós, os espectadores, podemos estar perto dele.

Casa destruída

Nessa imagem de destruição (imagem 120), o olhar da pintora, tal como o do espetador, cai também do alto para o interior de uma casa totalmente destruída. À direita, um esqueleto de parede ainda se ergue como uma torre, talvez indicando a altura original do edifício, que pode ter tido vários andares. Ao lado, erguem-se árvores carbonizadas, que agora mais se parecem com vigas de aço torcido. O interior da casa destruída está repleto de escombros de alvenaria, que desmoronaram onde as pessoas viviam e se abrigavam anteriormente. Uma laje preta no chão indica outra divisão, ou será um telhado caído? Uma grande escada sobre os restos de parede pode ter representado um acesso de vizinhança, uma ligação entre as casas. Embaixo e em cima, encontram-se as partes do edifício que podem ter sido atingidas por uma bomba explosiva, cujo efeito difere do de uma bomba incendiária, que provavelmente atingiu o edifício vizinho, libertando uma enorme nuvem de fumaça. Para a frente, agora no centro da imagem, há ainda restos da parede externa: grandes blocos de arenito. Quando o olhar os segue, percebemos a profundidade do impacto, que pode também ter alcançado os porões, onde os habitantes procuravam proteger-se do bombardeamento.

Se nos perguntarmos por que razão a pintora dedicou tanto cuidado à representação do interior do edifício destruído, novamente apenas a simbologia do espaço em que este aparece na imagem pode fornecer uma pista. Afinal, como já foi descrito acima, o quadrante inferior à direita da imagem é especificamente o lugar onde o tema da segurança tende a aparecer. Aqui, mais uma vez, o lugar da segurança pessoal foi especificamente atingido, talvez a própria casa da pintora, seu próprio apartamento na época.

Dominando a vista, uma enorme nuvem de fumaça cinzenta e escura se ergue na extremidade esquerda do complexo de edifícios destruídos – a parte visível da estrada também conduz nessa direção. Essa parte, como já mencionamos, deve ter

→

IMAGEM 119 • Anônimo, *Guerra: III. Morte. Em memória dos sem nome, perdidos, enterrados na solidão gelada! 1941-1945! 1941-1945*, sem data
Guache sobre cartolina, 24,7 × 17,4cm
Arquivo de imagens do Instituto C.G. Jung Zurique, Küsnacht, 041 BOAH

TEMPO APOCALÍPTICO – UMA SÉRIE DE IMAGENS DA SEGUNDA GUERRA MUNDIAL

IMAGEM 120 • Anônimo, *De profundis!*, 1945
Guache sobre cartolina, 24,7 × 17,4cm
Arquivo de imagens do Instituto C.G. Jung Zurique, Küsnacht, 041 BOAX

sido atingida por uma bomba incendiária. Ela preenche todo o espaço superior da imagem, cobre o céu vermelho, avança para o canto superior direito, ocupando assim todo o quadrante superior direito, expressando simbolicamente, em termos espaciais, que ela devora e sufoca todo o espaço do futuro. No lado esquerdo da imagem, ergue-se uma ruína com vigas carbonizadas, situada simbolicamente no espaço de todo o lado esquerdo da imagem – na zona da memória coletiva, do inconsciente coletivo; aqui torna-se evidente que também daí só a destruição pode agora ser recordada e vivida. O acesso às áreas profundas de cura e aos símbolos do inconsciente coletivo ainda estão bloqueados para a pintora a essa altura.

De profundis, "das profundezas", é o nome que a pintora dá a esse quadro e escreve ao lado o ano de 1945, que marca também o fim da guerra. Das profundezas das casas bombardeadas surge essa imagem, cujo nome remete também ao versículo dos Salmos: "Das profundezas clamo…"

Refugiados

Aqui, temos duas pessoas que se aproximaram muito de nós (imagem 121): na parte da frente da imagem, elas nos encaram. A pessoa à direita, que se encontra no primeiro plano – que pode ser identificada como uma mulher devido a seu cabelo comprido – atravessou até o limite da imagem, a parte inferior da imagem, na direção dos espectadores. Essa perspectiva a aproxima muito de nós. A mulher alta e magra não olha para nós, mas se coloca diante de nós com sua mochila, que provavelmente contém todos os seus pertences – é uma pessoa "bombardeada", como chamávamos essas pessoas na época, ou então as duas são refugiadas. Ela segura a mão esquerda à frente do peito, no nível do coração, a mão direita se estende para o companheiro, que se ajoelhou e cobre o rosto com as mãos. Ele não quer ser visto nessa miséria – ou será que está chorando? Duas esferas negras pesadas à sua esquerda indicam mais uma vez o fardo, a prisão interior dessas pessoas vestidas de preto que fugiram pela planície sem fim daquela cidade no horizonte, a cidade sobre a qual o brilho do fogo se ergue, desvanecendo-se em fumaça preta.

São dois dos milhões de desabrigados, estes dois que, como tantos de nós na época – e como tantos refugiados nos dias de hoje – viram sua casa queimar, que mal conseguiram salvar a vida e que agora estão ali sem ter para onde ir. Essa pode ter sido a experiência da pintora, embora não saibamos mais nada sobre ela. Nesta imagem, a conflagração está

→

IMAGEM 121 • Anônimo, *Desalojados! 1939-1947*, sem data
Guache sobre cartolina, 24,7 × 17,4cm
Arquivo de imagens do Instituto C.G. Jung Zurique, Küsnacht, 041 BOAI

se deslocando para a direita, ou seja, está avançando para o futuro. A guerra pode ter terminado no mundo exterior depois de 1945, mas estava longe de ter terminado no interior da pintora.

Cidade grande destruída

A legenda diz: "A pedra do cadáver. Depois da catástrofe. 1945. Impressão de uma grande cidade na Alemanha" (imagem 122). A imagem que a pintora cria diante da catástrofe do fim da guerra em 1945 – sob a impressão de uma grande cidade destruída na Alemanha – deixa claro que havia centenas de milhares de mortos em cada uma dessas cidades. Deitada e pesada – estendida em formato de paisagem – a impressão macabra de uma cidade em ruínas, agora imersa em tinta preta, torna-se abundantemente clara: aqui e agora, de ambos os lados do rio, as ruínas recortadas; entre elas e como que flutuando acima da água, a morte luminosa como esqueleto branco. Acima, um céu preto e vermelho incandescente. Mas, estendida por cima de tudo, uma laje negra, provavelmente destinada a ser uma única laje de sepultura comum, paira sobre o conjunto, como a "pedra do cadáver": a morte atravessa um rio. Em cada uma das cidades atingidas pelas bombas, incluindo a minha cidade natal, foi necessário construir um enorme cemitério novo, uma enorme cova comunal só para os mortos dos bombardeamentos, devido ao número das vítimas e também porque os corpos dilacerados e queimados não podiam ser identificados.

Campo de destruição

Incluo aqui a imagem do arame farpado (imagem 123), porque mostra como a pintora se sente pro-

IMAGEM 122 • Anônimo, *A pedra do cadáver. Depois da catástrofe. 1945. Impressão numa cidade grande na Alemanha*, 1945. Guache sobre cartolina, 24,7 × 17,4cm Arquivo de imagens do Instituto C.G. Jung Zurique, Küsnacht, 041 BOAL

IMAGEM 123 • Anônimo, *Arame farpado: 1933-1947*, sem data
Guache sobre cartolina, 24,7 × 17,4cm
Arquivo de imagens do Instituto C.G. Jung Zurique, Küsnacht, 041 BOAO

TEMPO APOCALÍPTICO – UMA SÉRIE DE IMAGENS DA SEGUNDA GUERRA MUNDIAL

fundamente afetada, ou até mesmo abalada, pela culpa alemã, pelo genocídio e pelo holocausto dos judeus nessa época. Ela lhe dá o título *Stacheldraht* [Arame farpado] e designa os anos de 1933 a 1947 como o período a que a imagem se refere.

1933 é o ano em que, com a tomada do poder por Hitler, se inicia a criação dos campos de concentração. Os campos de extermínio para a chamada "solução final da questão judaica", as câmaras de gás e os crematórios, foram acrescentados em 1941. O ano de 1947, por outro lado, poderia – se ele não remeter a uma memória pessoal – assinalar o ano em que, em 30 de setembro de 1947 e em 1 de outubro de 1947, um tribunal militar internacional condenou os principais autores das atrocidades do regime nazista.

Por trás das linhas paralelas de arame farpado que cobrem o quadro – e que colocam o espectador numa posição diretamente em frente ao arame farpado – a imagem mostra a silhueta de um campo de concentração: um edifício de concreto semelhante a uma prisão, além da fumaça que sai da chaminé de uma incineradora, que emite fumaça para o céu que arde vermelho. Em primeiro plano, no arame farpado de alta tensão do campo de concentração, estão penduradas duas das pessoas que ali pereceram em busca de liberdade. À direita, um homem completamente carbonizado, sua cabeça pende para a frente; à esquerda, num gesto comovente, ainda ajoelhado e agarrado ao arame, um jovem com o tronco nu, em cujo peito – visível na imagem original – aparece um jogo de reflexos de luz estranhamente vivo, em pleno contraste com os tons cinzentos e sombrios do resto do quadro. Será que esses reflexos de luz pretendem expressar o anseio pela vida que levou à morte esse jovem quando tocou no arame farpado? No relato de Ruth Elias, uma testemunha contemporânea, lemos: "Se alguém se aproximasse da cerca, ele era imediatamente abatido a tiros. Se ainda conseguisse alcançá-la, caía imediatamente, morto pela alta tensão. Muitos preferiam essa morte à vida terrível no campo de concentração..." (Elias, 1988).

A concepção da imagem faz com que o espectador, tal como a própria pintora, seja diretamente confrontado com a cerca de arame farpado e tenha inevitavelmente diante dos olhos a visão dos mortos que preferiram a morte no arame farpado à vida horrível e humilhante no campo de concentração. Essa imagem impiedosa evoca terror, memória e uma profunda compaixão. Talvez a própria pintora tenha perdido alguém que lhe era próximo através desse arame farpado ou num dos campos de concentração. Não sabemos, mas também não podemos descartar essa hipótese. A profunda vergonha de que algo assim pudesse acontecer entre as pessoas, e ainda mais na Alemanha, me atingiu profundamente na minha juventude, assim como afetou toda a minha geração nascida na Alemanha, quando fomos repetidamente confrontados com o inconcebível após o fim da guerra, também através da crescente informação nas escolas.

Em memória dos presos

Numa sala muito escura, alta e de aspecto frio, a primeira coisa que chama atenção, porque é a mais colorida e pintada com cores vivas e representada em perspectiva bem acima do chão, é o homem torturado e amarrado à estaca, abraçando silenciosamente a estaca de tortura (imagem 124). Agachado junto à parede da esquerda, espera um homem. Mais à direita, sentada no chão com os joelhos dobrados, provavelmente uma mulher. Ambos estão algemados. Isso me lembra de Hans e Sophie Scholl, também porque o título da última imagem da nossa série (a imagem 127) menciona explicitamente "Munique" – possivelmente a cidade natal da pintora e o cenário de toda a série de imagens. Os irmãos Scholl organizaram relativamente cedo, por volta de 1942/1943, um grupo de resistência de estudantes contra o regime nazista chamado de "A Rosa Branca". No fundo da sala fria, mas exatamente no centro, vemos uma quarta pessoa torturada: quando olhamos mais de perto, reconhecemos: é Cristo na cruz. No fundo desse evento sacrifical, que também poderia descrever a prisão dos jovens estudantes Hans e Sophie, executados em Munique-Stadelheim em 22 de fevereiro de 1943, está a cruz, símbolo da compaixão de Cristo nessa situação e em quem a pintora acredita, espera e confia devido à sua formação cristã.

→

IMAGEM 124 • Anônimo, *Em memória dos presos, açoitados e algemados 1933-1945*, sem data
Guache sobre cartolina, 24,7 × 17,4cm
Arquivo de imagens do Instituto C.G. Jung Zurique, Küsnacht, 041 BOAN

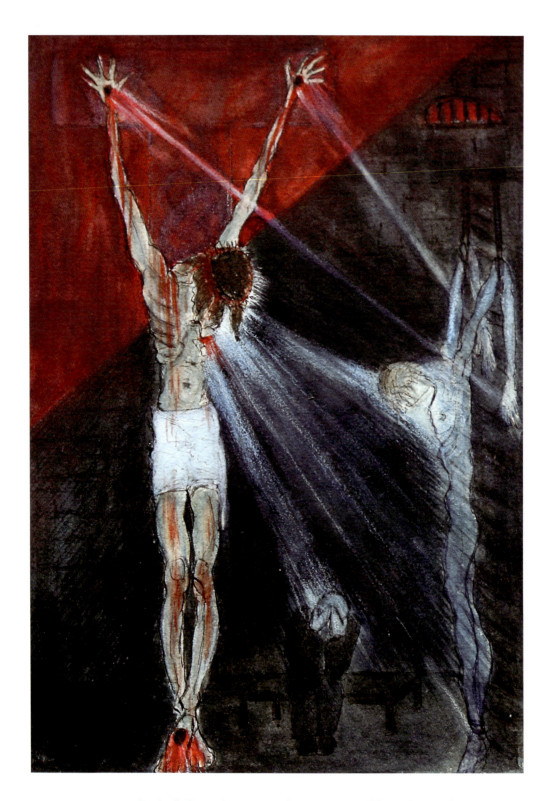

IMAGEM 125 • Anônimo, *Aos torturados e presos 1933-1945*, sem data
Guache sobre cartolina, 24,7 × 17,4cm
Arquivo de imagens do Instituto C.G. Jung Zurique, Küsnacht, 041 BOAP

TEMPO APOCALÍPTICO — UMA SÉRIE DE IMAGENS DA SEGUNDA GUERRA MUNDIAL

Em memória dos torturados e presos

Mais uma vez, é uma imagem de recordação, de compaixão, de apreciação (imagem 125), em que a pintora traumatizada se volta também para as partes torturadas e aprisionadas dentro de si mesma, as aprecia e assim consegue se aproximar um pouco mais de seu luto e da cura de sua psique.

Trata-se de uma imagem de Cristo extremamente dinâmica: Cristo está de braços erguidos, como se ele se esticasse em direção ao céu, embora com a cabeça inclinada; ele está como que em frente da cruz, que só se torna visível ao fundo com um olhar mais atento, pintada de púrpura e castanho-avermelhado. Desse Cristo, ereto em toda sua agonia, emanam raios de energia que atingem em cheio o homem torturado à direita da imagem, cujo rosto está como que imerso no fluxo de luz que emana da cabeça inclinada de Cristo, assim como também suas mãos torturadas são atingidas pelas correntes que saem das mãos de Cristo. O prisioneiro ansioso, no fundo do quadro, sentado num banco baixo, com as mãos em frente ao rosto, é atingido pelo raio de afeto que o alcança da ferida lateral de Cristo, da região de seu coração.

Trata-se de uma imagem de composição poderosa, sobre um fundo predominantemente negro, no qual uma janela da prisão também se torna visível diante de uma análise mais atenta. Mas toda a região púrpura no canto superior esquerdo, acentuada como um triângulo largo acima do resto da superfície da imagem, irradia uma vitalidade invencível. Além do sofrimento das inúmeras vítimas do regime nazista por razões racistas e ideológicas, ergueu-se também na Alemanha – *deo concedente* – a resistência. Uma vez que, como já foi mencionado, toda a série de imagens se refere a Munique, lembro aqui mais uma vez a "Rosa Branca", os estudantes Hans e Sophie Scholl.

É uma representação comovente que mostra como essa mulher criativa estava profundamente conectada com as vítimas, mas também com o símbolo de Cristo (como símbolo de uma compaixão redentora), que também aparece em outras de suas imagens, as quais nem todas podem ser reproduzidas aqui. A imagem mostra claramente como essa mulher também vivenciou o poder unificador e consolador de uma compaixão no sofrimento incomensurável que a cercava. Ambos os torturados se encontram no mais profundo abandono. No entanto, é como se estivessem imersos na luz, sob a intensa radiação que emana das feridas da figura do Cristo crucificado: das mãos para as mãos, do rosto para o rosto. A cruz em que Cristo está pendurado, embora ele compartilhe da cela dos que aqui são torturados, se projeta de outra dimensão para esta cela e compartilha sua energia viva, de ferida para ferida.

Para nós, a geração jovem que ainda vivenciou a guerra e conheceu e tomou conhecimento de toda a extensão dos crimes após a guerra, os poucos testemunhos da resistência foram figuras salvadoras, pois reavivaram em nós a esperança de uma Alemanha renovada, sim, de um mundo renovado. A pintora dessas imagens estava, como mostram as datações nas imagens, muito desperta, muito afetada e tocada por tudo que se opunha ao regime nazista, mesmo que isso tenha lhes custado a própria vida.

ATAQUE AÉREO

Uma cidade – Munique? – na tempestade de fogo, em 1943 (imagem 126), quando os ataques aéreos acometeram as cidades alemãs, lançados principalmente pelos americanos e britânicos – depois de a Luftwaffe alemã também ter atingido cidades como Londres de forma semelhante. Eu mesma vivenciei isso quando era criança. Os bombardeios começavam com o toque fino das sirenes de alarme que aumentava até se tornar insuportavelmente agudo. Os aviões voavam muito alto, pois a defesa antiaérea alemã era temida e conseguia atingir e abater muitos deles. Só se ouvia seus motores. E quando os ouvíamos, largávamos tudo, pegávamos o mais importante – por exemplo, o caçula da família, o bebê – e corríamos para um abrigo antiaéreo próximo.

Ainda na escada, sentíamos um tremor no chão quando ocorriam os primeiros impactos. A eletri-

→

IMAGEM 126 • Anônimo, *Alarme! Bombas incendiárias e ataque.*
O ataque aéreo na guerra. 1943. Vivências, sem data
Guache sobre cartolina, 24,7 × 17,4cm
Arquivo de imagens do Instituto C.G. Jung Zurique, Küsnacht, 041 BOAR

cidade era cortada imediatamente e a água também. Depois, o chão tremia com os impactos. Poeira e fumaça entravam no abrigo antiaéreo. Depois do ataque, a casa estava em chamas ou total ou parcialmente destruída. Com a ajuda de vizinhos até então desconhecidos, as pessoas começavam imediatamente a apagar os incêndios em sua casa ou na casa vizinha, a libertar as vítimas soterradas, a tratar os feridos, a recuperar os mortos. O medo da morte durante os ataques era absorvido apenas por uma grande vontade de ajudar, pela necessidade e vontade de auxiliar os mais diretamente afetados.

Aqui, na imagem, os horrores, que ultrapassavam a dimensão humana normal, são representados miticamente por uma pessoa afetada que, sem dúvida alguma, os testemunhou. O fogo é cuspido por máscaras sobre-humanas, as chamas lhes saltam da boca, dos olhos e dos cabelos. Os tufos de cabelo emitem tempestades de fogo que fazem a cidade brilhar, como indicam os edifícios delineados em vermelho. O fogo se infiltra nos edifícios. A composição se divide numa metade superior e numa metade inferior. A parte superior mostra o cenário da cidade com suas torres de igreja e arranha-céus, alguns dos quais lembram Munique. A parte inferior, separada por uma linha vermelho-fogo, mostra muros e parede – e depois, talvez, o porão em que as pessoas se refugiavam diante do ataque, ameaçadas também aqui, como sugerem os pontos e círculos pretos à esquerda. Poderiam representar os impactos, os vestígios de fuligem dos incêndios. À direita, as brasas ameaçam rebentar as paredes de proteção e expulsar as pessoas dos abrigos antiaéreos para o exterior em chamas, para que não sufoquem.

Aqui, nas profundezas, diretamente em frente à muralha ou quase embutida nela, surge uma figura misteriosa, com longos cabelos azuis que lhe caem pelas costas e envolta num manto azul-claro – o único azul da imagem! O espectador a vê de costas: ali está ela, de braços abertos, com as palmas das mãos viradas para cima, voltada para o muro, para a cidade. Esse é também o gesto de oração mais antigo que conhecemos. Muitas vezes, a Virgem Maria é representada com um manto azul (como em outra imagem da série, que não podemos reproduzir aqui por falta de espaço), mas também conhecemos esse gesto de oração de muitas representações da alma humana quando ela pede proteção. É uma imagem que, no maior e mais sobre-humano dos perigos, também conhece e invoca uma proteção superior à humana; nesse sentido, é também uma imagem de esperança, apesar do excesso de terror. Mas também me lembra da disposição muito grande e sacrificial das pessoas afetadas de ajudarem umas às outras, algo que testemunhei inúmeras vezes quando era criança.

O SACRIFÍCIO

Aqui, a cidade de Munique, onde a pintora vivia, é agora também mencionada explicitamente, juntamente com uma data específica: 2 de fevereiro de 1945 (imagem 127). Nesse dia, em conexão com a tentativa de assassinato de Hitler em 20 de julho de 1944, foi proferida a sentença de morte contra mais três pessoas envolvidas na resistência alemã: Klaus Bonhoeffer, Ernst von Harnack e Rüdiger Schleicher. O homem enforcado (na trave de uma cruz alta em T, à direita do eixo central da imagem) pode ser um deles. Solitário, ele pende próximo do centro da imagem, com os cabelos brilhantes e vestido de branco. Sua roupa branca, a cor da pureza, pode sublinhar seu sacrifício inocente, assim como a cruz alta ao seu lado ressalta o sacrifício inocente de Cristo. De ambos deve nascer a salvação: "O sacrifício" é o nome que a pintora dá a essa imagem. Entender essas execuções como sacrifícios – para a libertação da Alemanha? – é, para ela, de importância central. Para o sentimento de identidade e autoestima profundamente danificado de nós, os jovens alemães do pós-guerra, o fato de haver pessoas, homens e mulheres muito respeitados – Sophie Scholl é apenas um exemplo – que ousaram resistir e pagaram por isso com a vida foi de valor inestimável!

→

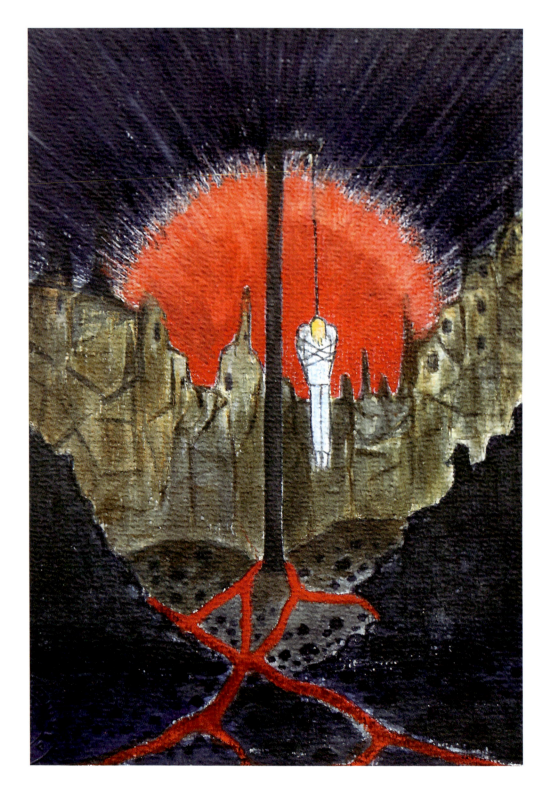

IMAGEM 127 • Anônimo, *O sacrifício. Munique 1945! Impressões – Visão*, 2 de fevereiro de 1945
Guache sobre cartolina, 24,7 × 17,4cm
Arquivo de imagens do Instituto C.G. Jung Zurique, Küsnacht, 041 BOAQ

A composição irradia calma, apesar de todos os horrores nela representados. A cidade ferida está agrupada em torno da cruz. Um campo circular de cor brilha por cima dela, em vermelho, mas, ao mesmo tempo, como um sol – o sol poente? É 1945! Não, para mim esse campo de cor já respira a energia do sol nascente, influenciado pelos atos daqueles que se sacrificaram por um novo começo. A dinâmica da imagem fala disso, pois a força do sol vermelho brilhante consegue se estender até o céu azul-escuro. Os rios de sangue ao pé da cruz atravessam a terra negra, dura e escura, mas parecem ser raízes vivas, pelas quais flui o sangue.

O sol nascerá sobre o executado. Ele aparece com a roupa branca do inocente sacrificado, daquele que se sacrifica. Seu cabelo representa a luz mais brilhante da imagem. O enforcado não está fixado em lugar nenhum, ele está preso numa cruz em T que se eleva ao alto. A cruz em T, no entanto, não tem um prolongamento do eixo longo para o céu, mas termina com a trave. Simbolicamente, isso significa a experiência de que tudo que aconteceu precisou ser realizado neste tempo no espaço terrestre, na imanência do humano.

O teólogo Dietrich Bonhoeffer, profundamente afetado por essa experiência de que, naqueles tempos apocalípticos, o Deus todo-poderoso e protetor já não podia mais ser experimentado em sua transcendência, suspeitava que só na compaixão se poderia ainda fazer uma experiência transgressora e libertadora. A compaixão renovada, que também aconteceu no ato de pintar o que tinha acontecido e no compartilhamento na terapia com Jung, pode também ter sido o aspecto terapeuticamente eficaz deste trabalho de luto.

Catálogo:
TRIBULAÇÕES E DESTRUIÇÃO

IMAGEM 128 • Anônimo, sem título, 1964
Guache sobre papel, 18 × 33cm
Arquivo de imagens do Instituto C.G. Jung Zurique, Küsnacht, 099 DUAA

CATÁLOGO: TRIBULAÇÕES E DESTRUIÇÃO

IMAGEM 129 • Anônimo, sem título, 4 de janeiro de 1959
Guache e tinta sobre papel, 16 × 9cm
Arquivo de imagens do Instituto C.G. Jung Zurique, Küsnacht, 040 BNAT

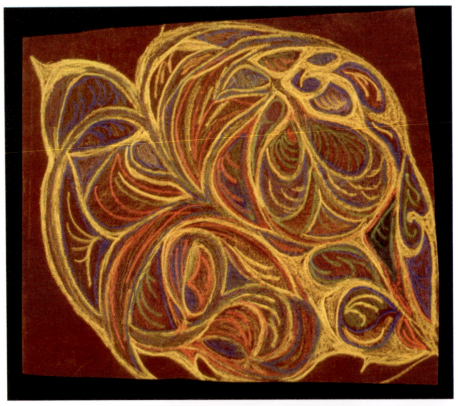

IMAGEM 130 • ALTO:
Anônimo, sem título, sem data
Giz pastel sobre papel, 17,5 × 20cm
Arquivo de imagens do Instituto C.G. Jung
Zurique, Küsnacht, 012 ALAH

IMAGEM 131 • BAIXO:
Anônimo, sem título, sem data
Giz pastel sobre papel, 19,5 × 31cm
Arquivo de imagens do Instituto C.G. Jung
Zurique, Küsnacht, 012 ALAA

CATÁLOGO: TRIBULAÇÕES E DESTRUIÇÃO

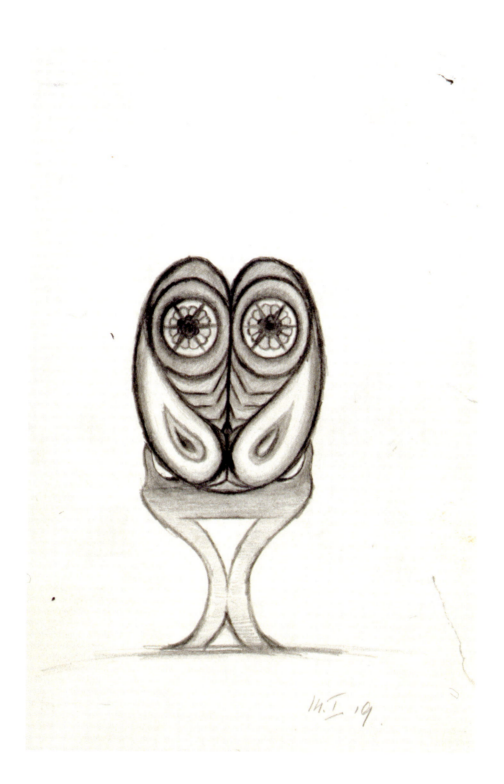

IMAGEM 132 • Anônimo, sem título, 14 de janeiro de 1919
Lápis sobre papel, 24 × 16cm
Arquivo de imagens do Instituto C.G. Jung Zurique, Küsnacht, 018 ARAF

CATÁLOGO: TRIBULAÇÕES E DESTRUIÇÃO

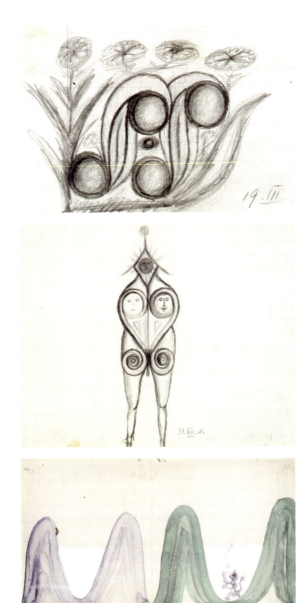

IMAGEM 133 • ALTO:
Anônimo, sem título, março de 1919
Lápis sobre papel, 11 × 18cm
Arquivo de imagens do Instituto C.G. Jung Zurique, Küsnacht, ARAX

IMAGEM 134 • CENTRO:
Anônimo, sem título, dezembro de 1919
Lápis sobre papel, 21,5 × 28cm
Arquivo de imagens do Instituto C.G. Jung Zurique, Küsnacht, 018 ARAE

IMAGEM 135 • BAIXO:
Anônimo, sem título, outubro de 1945
Guache sobre papel, 21 × 29cm
Arquivo de imagens do Instituto C.G. Jung Zurique, Küsnacht, 089 DKAB

CATÁLOGO: TRIBULAÇÕES E DESTRUIÇÃO

IMAGEM 136 • Anônimo, sem título, sem data
Guache sobre papel, 30 × 21cm
Arquivo de imagens do Instituto C.G. Jung Zurique, Küsnacht, 023 AWAR

IMAGEM 137 • ALTO:
Anônimo, sem título, sem data
Guache e tinta sobre papel, 30,5 × 35,5cm
Arquivo de imagens do Instituto C.G. Jung
Zurique, Küsnacht, 083 DEAA

IMAGEM 138 • BAIXO:
Anônimo, sem título, sem data
Carvão sobre papel, 51 × 66cm
Arquivo de imagens do Instituto C.G. Jung
Zurique, Küsnacht, 034 BHAF

CATÁLOGO: TRIBULAÇÕES E DESTRUIÇÃO

imagem 139 • Anônimo, sem título, sem data
Guache sobre papel, 25 × 19cm
Arquivo de imagens do Instituto C.G. Jung Zurique, Küsnacht, 026 AZAE

IMAGEM 140 • Anônimo, sem título, sem data
Lápis sobre papel, 32,5 × 25,5cm
Arquivo de imagens do Instituto C.G. Jung Zurique, Küsnacht, AZAH

IMAGEM 141 • Anônimo, sem título, *Ascensão e queda*, sem data
Lápis preto e lápis de cor sobre papel, 37,5 × 26cm
Arquivo de imagens do Instituto C.G. Jung Zurique, Küsnacht, 026 AZAJ

IMAGEM 142 • Anônimo, sem título, sem data
Carvão sobre papel, 48 × 34cm
Arquivo de imagens do Instituto C.G. Jung Zurique, Küsnacht, 034 BHAB

CATÁLOGO: TRIBULAÇÕES E DESTRUIÇÃO

IMAGEM 143 • Anônimo, sem título, sem data
Carvão sobre papel, 66 × 51cm
Arquivo de imagens do Instituto C.G. Jung Zurique, Küsnacht, 034 BHAI

IMAGEM 144 • Anônimo, sem título, sem data
Carvão sobre papel, 66 × 51cm
Arquivo de imagens do Instituto C.G. Jung Zurique, Küsnacht, 034 BHAC

IMAGEM 145 • Anônimo, sem título, sem data
Carvão sobre papel, 66 × 51cm
Arquivo de imagens do Instituto C.G. Jung Zurique, Küsnacht, 034 BHAK

CATÁLOGO: TRIBULAÇÕES E DESTRUIÇÃO

IMAGEM 146 • ALTO:
Anônimo, sem título, sem data
Lápis sobre papel, 39,5 × 50cm
Arquivo de imagens do Instituto C.G. Jung
Zurique, Küsnacht, 044 BRAC

IMAGEM 147 • BAIXO:
Anônimo, sem título, sem data
Lápis sobre papel, 31 × 41cm
Arquivo de imagens do Instituto C.G. Jung
Zurique, Küsnacht, 044 BRAE

CATÁLOGO: TRIBULAÇÕES E DESTRUIÇÃO

IMAGEM 148 • ALTO:
Anônimo, sem título, sem data
Lápis sobre papel, 14 × 9cm
Arquivo de imagens do Instituto C.G. Jung
Zurique, Küsnacht, 072CTAC

IMAGEM 149 • BAIXO:
Anônimo, sem título, sem data
Tinta sobre papel, 10 × 10,5cm
Arquivo de imagens do Instituto C.G. Jung
Zurique, Küsnacht, 082 DDAB

CATÁLOGO: TRIBULAÇÕES E DESTRUIÇÃO

IMAGEM 150 • Anônimo, sem título, 16 de janeiro de 1955
Tinta sobre papel, 58,5 × 36,5cm
Arquivo de imagens do Instituto C.G. Jung Zurique, Küsnacht, 069 CQAL

CATÁLOGO: TRIBULAÇÕES E DESTRUIÇÃO

IMAGEM 151 • Anônimo, *Painting to represent myself* (*Retrato para representar-me*)
Guache sobre papel, 13 × 15,5cm
Arquivo de imagens do Instituto C.G. Jung Zurique, Küsnacht, 050 BXAB

CATÁLOGO: TRIBULAÇÕES E DESTRUIÇÃO

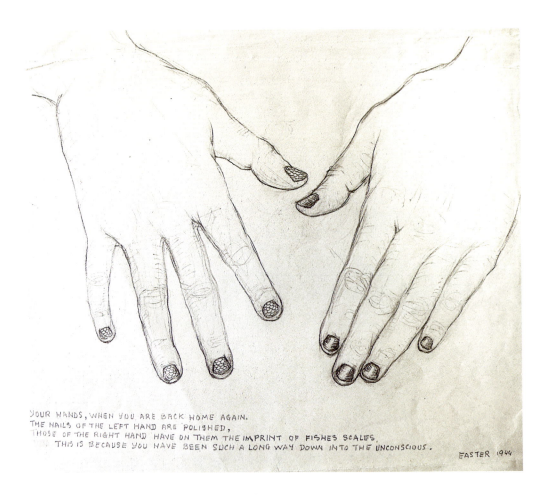

IMAGEM 152 • Anônimo, *Your hands* (*Tuas mãos*), Páscoa de 1944
Lápis sobre papel, 25 × 29cm
Arquivo de imagens do Instituto C.G. Jung Zurique, Küsnacht, 047 BUBS

IMAGEM 153 • Anônimo, sem título, sem data
Lápis e aquarela sobre papel, 29,5 × 21cm
Arquivo de imagens do Instituto C.G. Jung Zurique, Küsnacht, 026 AZAH

CATÁLOGO: TRIBULAÇÕES E DESTRUIÇÃO

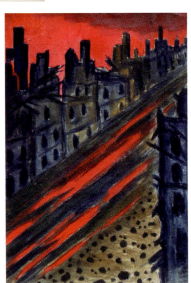

Cf. tb. a imagem 1 no artigo de Vicente L. de Moura, p. 20,
e as imagens 116 e 117 no artigo de Ingrid Riedel, p. 156, 158.

ALTO: Anônimo, sem título, sem data. Aquarela sobre papel, 20 × 14cm
Arquivo de imagens do Instituto C.G. Jung Zurique, Küsnacht, 006 AFAI

EMBAIXO, À DIREITA:
Anônimo, *Rua morta.*
Sonho no início da guerra,
dezembro de 1939
Guache sobre cartolina, 24,7 × 17,4cm
Arquivo de imagens do Instituto C.G. Jung
Zurique, Küsnacht, 041 BOAC

EMBAIXO, À ESQUERDA:
Anônimo, *Tempos apocalípticos:*
a tempestade irrompe sobre a Alemanha 1939.
Demônios do fogo – alimentados pelo sangue, 1939
Guache sobre cartolina, 24,7 × 17,4cm
Arquivo de imagens do Instituto C.G. Jung
Zurique, Küsnacht, 041 BOAB

CATÁLOGO: TRIBULAÇÕES E DESTRUIÇÃO

IMAGEM 154 • Anônimo, *Imagem do espírito do tempo. Guerra. Dança dos mortos. Massacre; Loucura coletiva de matança na Alemanha 1939-45*, sem data
Guache sobre cartolina, 24,7 × 17,4cm
Arquivo de imagens do Instituto C.G. Jung Zurique, Küsnacht, 041 BOAD

SEQUÊNCIA NO ALTO:
Cf. as imagens 118, 119 e 121 no artigo de Ingrid Riedel, p. 160, 162, 165.

BAIXO:
Cf. a imagem 122 no artigo de Ingrid Riedel, p. 160, 162, 165.

CATÁLOGO: TRIBULAÇÕES E DESTRUIÇÃO

SEQUÊNCIA SUPERIOR:
Cf. as imagens 120, 123 e 124 no artigo de Ingrid Riedel, p. 163, 167, 169.

SEQUÊNCIA INFERIOR:
Cf. as imagens 125, 126 e 127 no artigo de Ingrid Riedel, p. 170, 172, 174.

CATÁLOGO: TRIBULAÇÕES E DESTRUIÇÃO

A REORGANIZAÇÃO DO MUNDO
Um desenho do arquivo de imagens

Philip Ursprung

A ponte entre o campo da arte como uma prática independente e a atividade artística para fins terapêuticos raramente é atravessada nos dias de hoje. A arte, a ciência, a medicina e a psicologia, como todos os campos do conhecimento, tornaram-se cada vez mais especializadas e separadas umas das outras desde os meados do século XX. Esse nem sempre foi o caso. Na segunda metade do século XIX, eram exatamente as fronteiras entre as áreas individuais de conhecimento que vivenciavam a maior vivacidade no campo do pensamento. Os mais ouvidos não eram os especialistas, mas aqueles que buscavam entender o mundo como um todo. Charles Darwin explorou a origem e a evolução de todas as formas de vida. Charles Lyell explicou a formação de montanhas e continentes. Henri Bergson superou a antiga divisão filosófica entre idealismo e realismo. Sigmund Freud localizou as leis da psique humana, Marie Curie cruzou as fronteiras entre a física e a química e Albert Einstein conectou as dimensões do tempo e do espaço. Até hoje, esses edifícios sintéticos de pensamento são fascinantes e inspiradores. Eles são um espelho para nosso cenário de conhecimento segregado. É claro que, ainda hoje, as conexões entre arte e psicologia não foram completamente rompidas. Conceitos da psicologia, como "o inconsciente", "os arquétipos", "a transferência", também circulam naturalmente no campo da arte. Alguns estudiosos da arte fazem uso da metodologia da psicologia, seja dos conceitos de Freud ou Jung ou dos estudos de Jacques Lacan, principalmente no que se refere às questões do olhar. A influente "Documenta 5" em Kassel, em 1972, incluiu uma seção sobre o tema "O imaginário dos doentes mentais". A Collection de l'Art Brut em Lausanne, o Museu Gugging no terreno da antiga Clínica Psiquiátrica de Gugging, a Prinzhorn Collection em Heidelberg, o Museum im Lagerhaus em St. Gallen, a Adolf Wölfli Foundation no Kunstmuseum Bern, todos eles contêm ou exibem coleções de obras artísticas de pacientes. E a 55ª Bienal de Arte de Veneza, em 2013, apresentou com destaque o *Livro Vermelho* de C.G. Jung na exposição temática *The Encyclopedic Palazzo*. Mas todos esses casos são claramente exceções, são "*Art Brut*", como o artista Jean Dubuffet a chamou, ou "*Outsider Art*", que é estritamente separada do cânone real da arte (cf. Fink, 2012).

Atualmente, a arquitetura é mais apropriada do que a arte quando se trata de construir pontes para outras disciplinas. A afinidade entre a arquitetura e a psicologia é óbvia, embora seja surpreendentemente pouco discutida. Entre todos os campos do conhecimento, a arquitetura, assim como a psicologia, até agora, tem sido a menos sujeita à tendência de especialização. Ambas estão entre as matérias de estudo mais populares nos países industrializados, o que significa que os jovens as consideram orientadoras para o futuro. Acredito que a popularidade da arquitetura e da psicologia também se deve ao fato de que elas ainda são práticas universais nas quais diversos campos do conhecimento se reúnem. Os arquitetos acompanham edifícios desde a ideia inicial, passando pelo planejamento e execução, até o envelhecimento dos materiais. Os psicólogos acompanham pessoas durante um longo período, seguindo um processo de cognição e recuperação. Portanto, é natural que eu, como historiador da arte e da arquitetura, atravesse a ponte acima mencionada, um tanto abandonada, e pergunte o que minha disciplina pode aprender com esse encontro.

Arte e terapia

Quando Ruth Ammann, minha madrinha, sugeriu que eu escrevesse sobre algumas das imagens do arquivo, sobre desenhos dos pacientes de Carl Gustav Jung, inicialmente, tive que superar algumas barreiras internas. Nossos interesses se tocam há muito tempo. Ela é uma arquiteta formada que, mais tarde, encontrou sua vocação na psicologia. Eu sou historiador de arte com foco em arquitetura. No entanto, eu hesitei um pouco porque duvidava que as categorias e os conceitos que se aplicam ao campo da arte pudessem ser facilmente transferidos para o campo da psicologia e da psiquiatria. Uma obra de arte que precisa ser exposta para existir, que visa à publicação, não pode ser comparada a um esboço que ninguém além do paciente e do médico verão. É uma expressão íntima, somente possível com a confiança e a proteção proporcionada pelo sigilo médico. Uma obra de arte, se seguirmos o sociólogo Niklas Luhmann, aumenta a complexidade, enquanto um esboço terapêutico

pretende reduzir a complexidade. Como posso comparar algo que foi declarado definitivo e concluído por seu autor, destinado a todos os olhos e dirigido aos contemporâneos e à posteridade, com algo que vê a luz do dia como um auxílio na conversa terapêutica e se torna obsoleto com a solução do problema?

Se entendermos os desenhos de pacientes como parte da cultura visual, que inclui não só arte visual e arquitetura, mas também filmes, cultura popular e representações visuais científicas, o acesso será mais fácil. Mas eu hesitei também por outro motivo. Há muito tempo, os artistas lutam – desde o fim do *Ancien Régime* no final do século XVIII, quando o contexto original do comissionamento da arte se dissolveu – pela autonomia de sua prática. O objetivo desse tipo de arte sempre foi revisar e desenvolver as normas vigentes e a arte que a precedia. Os críticos e oponentes da arte contemporânea a atacam repetidamente ao longo da história, argumentando que ela é anormal, um sinal de desordem. A história da arte moderna é marcada por julgamentos que patologizam obras de arte – desde a condenação das pinturas de Edouard Manet em Paris na década de 1860 até a exposição de propaganda *Entartete Kunst* [Arte Degenerada] em 1937 e as reações às *performances* de Christoph Schlingensief. O gênio e a loucura estão próximos um do outro na percepção da maioria. Até hoje, a primeira coisa que vem à mente da maioria das pessoas quando pensam em Vincent van Gogh é o fato de ele ter cortado sua orelha. Como historiador da arte, resisto quase que por reflexo quando alguém interpreta uma obra de arte como "sintoma".

Quando Ruth Ammann finalmente me mostrou alguns dos desenhos, eles despertaram minha curiosidade. O confronto com algo desconhecido sempre nos leva adiante. Eu não saberia dizer por que, mas quando vi as imagens, achei libertador me envolver com os desenhos com os olhos e as ferramentas de um historiador da arte. Um desenho, datado de 1929, chamou minha atenção imediatamente (imagem 34). No papel, uma figura esbranquiçada em forma de lente se apoia em dois

→

pés pretos estilizados. Dentro da figura lenticular, vinte corpos geométricos são representados esquematicamente, desenhados com lápis de cor vermelho, violeta e azul. Os contornos estão claramente delineados. Isso e o fato de o desenho apresentar uma data – embora eu não saiba se pelo desenhista ou por C.G. Jung como médico e terapeuta – indicam que ele pode ser considerado concluído. Pelo contexto dos arquivos, também sabemos que se trata de uma folha individual, criada fora do contexto de uma série desenhada dez anos antes. Como historiador da arte, procedo por analogias, ou seja, comparo algo desconhecido com algo que já conheço. Uma das premissas da historiografia da arte é que as formas têm uma espécie de vida própria e podem aparecer em diferentes lugares no decorrer da história. O livro *The Life of Forms* (1934) do historiador da arte Henri Focillon, o livro de seu

→

IMAGEM 34, cf. tb. o artigo de Doris Lier, p. 56.
Anônimo, sem título, 1929. Guache e lápis de cor sobre papel, 44 × 30,5cm
Arquivo de imagens do Instituto C.G. Jung Zurique, Küsnacht, 009 AIBH

aluno Georg Kubler *The Form of Time* (1962) e projetos como a coleção de documentos de Aby Warburg como parte do projeto *Bilderatlas Mnemosyne* são tentativas de sistematizar essa vida própria (Focillon, 1954; Kübler, 1982; Warburg, 2000). A figura lenticular – criada a partir da intersecção de dois círculos – pode se referir a um corpo, a uma cabeça ou a um olho vertical, pode ser associada à forma de uma vagina, uma janela ou um espelho, até mesmo a uma lança, um projétil. Essas representações lenticulares de corpos, cabeças ou olhos podem ser encontradas frequentemente na arte da década de 1920, por exemplo, nas obras de Paul Klee, Constantin Brancusi, Sophie Taeuber-Arp ou Alberto Giacometti.

Mandorla

No entanto, como motivo, a forma de lentilha ou amêndoa também é muito difundida no final da Antiguidade e na Idade Média. Como uma "mandorla", ela envolve o corpo de Cristo. O motivo é encontrado em altares, manuscritos, afrescos, esculturas em marfim e relevos, com destaque para o tímpano do portal principal da Catedral de Chartres (ilustração 1). Ela destaca Cristo hierarquicamente e o distingue dos outros santos, nos quais não o corpo, mas apenas a cabeça é cercada por uma aura.

→

ILUSTRAÇÃO 1 • *Cristo na mandorla*,
Portal central da fachada oeste,
Catedral de Chartres, cerca 1150

Entretanto, o motivo também pode ser lido como um sinal de uma visão, uma aparição. Provavelmente, a obra de arte mais conhecida no mundo de língua alemã no período em torno e após a Primeira Guerra Mundial era o *Altar de Isenheim*, de Matthias Grünewald. O motivo mais reproduzido do altar é o painel com a ressurreição de Cristo surgindo em um halo de raios que lembra a mandorla contra um fundo escuro (ilustração 2). A imagem fazia parte da memória coletiva da época, assim como a *Marylin* de Andy Warhol faz parte da nossa memória coletiva atual.

Os corpos geométricos dentro da figura lenticular (imagem 34) lembram elementos arquitetônicos, escadas, partes de casas, portas, portões. Eles são retratados como que flutuando livremente sem estarem ancorados em nenhum lugar. Não há indício de um piso. A disposição e os motivos lembram algumas pinturas e desenhos de Paul Klee, que mostram elementos estilizados de arquitetura, torres, portões, telhados de casas, caminhos, escadas, janelas e telhados. Mas os sólidos geométricos também lembram elementos de conjuntos de construção arquitetônica, como o conjunto de construção de pedra Anker, que remonta ao pedagogo Friedrich Frobel. Esses conjuntos de construção populares feitos de pequenas pedras artificiais em cores básicas podiam ser encontrados em todos os quartos de crianças entre o final do século XIX e meados do século XX. Com eles, era possível construir pequenos prédios sem o auxílio de cola, com base apenas na estática, e depois derrubá-los novamente. No entanto, como historiador da arte, também penso em obras mais antigas, como as fantasias arquitetônicas de Giovanni Battista Piranesi do final do século XVIII. Em seus portfólios e gravuras, Piranesi registrou a vista de cidades, especialmente Roma. Ele se interessava especialmente pelas ruínas da antiguidade, relíquias colossais de uma grandeza passada. Suas arquiteturas de fantasia, como as *Carceri*, paisagens imaginárias de calabouços (ilustração 3), são particularmente famosas. Elas mostram arquiteturas enigmáticas, corredores que se perdem no nada, escadas que levam a pódios, abóbadas que se empilham umas sobre as outras. São espaços escandalosamente complexos em que nem sempre é possível distinguir claramente o interior e o exterior. São imagens que acreditamos conhecer de sonhos, conexões de ruínas e canteiros de obras, ordem e caos.

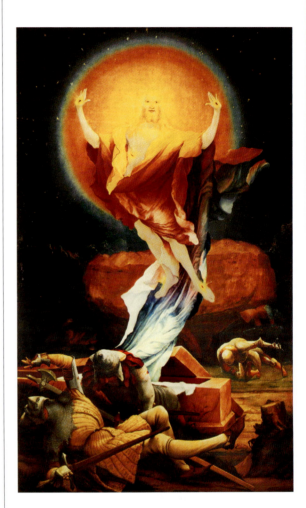

ILUSTRAÇÃO 2 • Matthias Grunewald, Ressurreição de Cristo, *Altar de Isenheim*, 1506-1515, Colmar, Musee Unterlinden

ILUSTRAÇÃO 3 • Giovanni Battista Piranesi,
Carceri III (A torre redonda),
de: Carceri d'Invenzione, 1761

Não sei – e isso nem é relevante – se o autor do desenho tinha a mandorla em mente, se ele ou ela estava familiarizado com o trabalho de Piranesi, Klee ou outros. A certeza da representação, a clareza da composição, a disposição confiante da figura em relação às margens da folha – e a comparação com a série anterior no arquivo de Jung – torna muito provável que o autor tenha tido uma educação artística e estivesse familiarizado com a arte. O pintor ou a pintora certamente não era diletante.

Como posso interpretar o desenho? O que minha disciplina pode aprender com ele – e vice-versa, o que posso transmitir à psicologia? Não existe um título, o que significa que não posso me basear nem na intenção do autor nem na interpretação de Jung. Se aceitarmos a figura da mandorla como uma estrutura para uma visão, então é plausível interpretar a figura, que se apoia em pés sólidos – mas não em solo sólido – como a imagem de uma visão, um sonho, como algo que preenche toda a pessoa. Os elementos arquitetônicos são sinais de destruição ou elementos de construção? Se olharmos atentamente, todos os elementos estão intactos. Não há sinal de destruição. Portanto, eu os interpreto não como partes de um todo em ruínas, mas como blocos para uma construção, que, no entanto, ainda não está totalmente clara. É um espaço descontínuo, que contém a possibilidade de coerência, mas cujo resultado está em aberto.

Crash

Como o desenho não tem título, eu me concentro – esse também é um reflexo do historiador da arte – na data. O ano de 1929 é uma data que se inscreveu na história. A "Quinta-feira Negra", em 24 de outubro de 1929, representa a maior catástrofe da história do capitalismo, a quebra da Bolsa de Valores de Nova York. O colapso já era esperado havia muito tempo, mas nos últimos dias de outubro, quando os investidores tentaram retirar seus títulos ao mesmo tempo, o mercado de ações entrou em colapso, marcando o início da Grande Depressão nos EUA e uma crise econômica mundial. Como historiador da arte e da arquitetura, estou interessado em saber como esse evento se reflete na cultura visual. Tenho interesse em perguntar como um tormento histórico-econômico, ou seja, uma mudança na concepção e na representação do valor, se manifesta nas imagens de uma época. Não afirmo que a arte "expresse" ou "ilustre" mudanças históricas. Em vez disso, suponho que as mudanças são anunciadas na cultura visual antes de serem conceituadas. Um desenho terapêutico, em particular, que se baseia no inconsciente, torna-se uma fonte que também pode dar acesso ao geral por meio do individual. Do ponto de vista de um historiador da arte e da arquitetura, estou interessado no desenho como uma espécie de lente que me permite ver melhor as mudanças da época. Portanto, eu o interpreto não apenas como uma visão do interior de uma pessoa, mas – como já indiquei acima – como uma moldura e um espelho de uma tendência que se estende para além do sujeito. Visto dessa perspectiva, a

→

figura em forma de amêndoa poderia ser interpretada como uma visão de um mundo que se desfez. O contexto existente se dissolveu, o edifício da economia mundial se desfez em partes individuais. Os elementos fluem livremente, sem conexão uns com os outros, em um espaço não estruturado. O sistema de representação se desfez, como se a gravidade tivesse sido temporariamente suspensa e todos os elementos estivessem flutuando no espaço. Mas os elementos ainda são claramente reconhecíveis. Eles ainda estão de pé. É perfeitamente concebível que eles possam ser reconfigurados. O mundo que se desintegrou em partes individuais também poderia ser reconstruído a partir dessas mesmas partes individuais.

A visão do corpo ocular da desenhista ou do desenhista difere, nesse aspecto, de uma cena filmada no mesmo ano no filme *Um Cão Andaluz* (1929), de Luis Bunuel e Salvador Dali. A cena é famosa, talvez tão conhecida hoje quanto a visão no *Altar de Isenheim* o era em sua época. É o *close-up* em que o globo ocular de um artista é cortado por uma lâmina de barbear. A cena permanece na memória de todos que a viram. Não apenas por ser uma *performance* insuportável, mas também porque um antigo sistema de representação é radicalmente apagado aqui. A predominância do sentido da visão é destruída. Se eu relacionar essa cena com o evento que ocorreu alguns meses depois, posso interpretá-la como significando que o sistema atual de representação está irreversivelmente acabado. Por outro lado, o processo na visão representado pelo desenhista ou pela desenhista não é claro, mas, em princípio, é reversível; o sistema existente pode ser restaurado.

Imaginação ativa

Tanto no filme surrealista de Bunuel e Dali como no desenho da figura lenticular, a conexão com a catástrofe econômica é hipotética. Não posso provar isso. Mas posso especular que algo se revela nessas imagens que não pode ser compreendido conceitualmente. O método da Imaginação Ativa de C.G. Jung é de grande interesse nesse contexto. De acordo com Jung, o método só é bem-sucedido se

os pacientes permitirem a transformação de uma imagem interior há muito imaginada, como uma imagem de sonho, antes de colocá-la em palavras. Se eles conceituarem as imagens internas cedo demais, isso impedirá que o inconsciente tenha a chance de analisar o paciente[1]. A imagem interna deve permanecer além da representação linguística até que mude quase que por conta própria e tenha um efeito sobre o sujeito.

Quando interpreto uma obra de arte, o processo é comparável. É claro que não se trata de uma imagem interior ou de um sonho, mas de uma obra de arte que foi produzida intencional e refletidamente por alguém e que existe em uma forma física. Mas mesmo diante de uma obra de arte, não se pode evitar a contemplação prolongada e intensa. Mesmo diante de uma obra de arte, as imagens percebidas e imaginadas fluem e o significado não pode ser determinado apressadamente. Toda definição – por exemplo, a classificação em termos estilísticos, a atribuição a um autor, a redução ao material representado – reduz as possibilidades de significado. Uma interpretação não deve apenas oferecer espaço para o assunto em questão, mas também para a imaginação do leitor, do espectador, ou até mesmo estimular a imaginação em primeiro lugar. Na melhor das hipóteses, o significado está em movimento e constantemente vagueia para frente e para trás entre o intérprete, o objeto e o leitor ou espectador.

O processo de projeto arquitetônico, no entanto, se aproxima ainda mais do método de Jung de imaginação ativa do que o processo de interpretação. No esboço, ou seja, na fase central da busca de formas, há um vai e vem contínuo entre imagem e conceito, esboço e palavra. Em quase todas as escolas e escritórios de arquitetura, o esboço é realizado por meio dos chamados modelos conceituais, ou seja, modelos tridimensionais, pequenos e altamente abstratos, feitos de papelão ou espuma, que permitem que as ideias sejam literalmente passadas de mão em mão, testadas, rejeitadas ou desenvolvidas. Trabalhar com esses modelos combina o visual com o tátil, pois a espacialidade é sempre vivenciada também com os dedos e com a mão. Enquanto na terapia o movimento vai do paciente

→

para a imagem e vice-versa, e depois do paciente para o terapeuta e vice-versa, no projeto arquitetônico ele vai do arquiteto para o objeto e depois para outro arquiteto, o que significa que – em contraste com a arte visual – isso é um processo colaborativo, uma cooperação de pelo menos dois *designers*. Isso pode explicar por que minhas barreiras internas para abordar o tema do desenho terapêutico caíram assim que vi os desenhos. No final, o processo me pareceu familiar porque eu o conhecia de uma forma diferente da prática do desenho arquitetônico.

É um prazer tanto para especialistas como para leigos observar alguém desenhar ou pintar algo. Assim como as pessoas param quando um prédio é construído ou um artista de rua retrata os transeuntes, quase ninguém consegue escapar do fascínio de um desenho em processo de criação. O mesmo se aplica ao *design* e – a uma distância histórica – à observação de séries de imagens de processos terapêuticos. O prazer decorre do fato de testemunharmos o jogo entre o pré-conceitual e o conceitual, o inconsciente e o consciente, o possível e o real. Nesse processo, o significado é produzido, transformado e mantido em aberto. A variante escolhida no final é apenas uma das muitas possibilidades. O processo é interrompido pela conclusão da terapia ou pelo prazo final do projeto arquitetônico, mas basicamente poderia continuar indefinidamente. Um projeto, assim como uma análise, basicamente nunca termina. Essa é sua beleza e vitalidade. ✎

Nota

1 Cf. as afirmações de Jung sobre a Imaginação Ativa numa carta: "Dessa forma, você pode não apenas analisar seu inconsciente, mas também dar ao inconsciente a chance de analisar você. E, dessa forma, aos poucos, você cria a unidade de consciência e inconsciente, sem a qual não há individuação nenhuma" (Jung, 2018, p. 65).

Catálogo:

O HUMANO E O DESUMANO

IMAGEM 155 • Anônimo, sem título, julho de 1926
Guache sobre papel, 19 × 20,5cm
Arquivo de imagens do Instituto C.G. Jung Zurique, Küsnacht, 015 AOAB

IMAGEM 156 • Anônimo, sem título, sem data
Guache sobre papel, 24 × 18,5cm
Arquivo de imagens do Instituto C.G. Jung Zurique, Küsnacht, 011 AKAA

IMAGEM 157 • Anônimo, *Ah, terra, terra, terra...*, 15 de maio de 1936
Guache e tinta sobre papel, 45,5 × 31,5cm
Arquivo de imagens do Instituto C.G. Jung Zurique, Küsnacht, 099 DUAN

IMAGEM 158 • Anônimo, sem título, sem data
Giz pastel sobre papel, 31 × 25cm
Arquivo de imagens do Instituto C.G. Jung Zurique, Küsnacht, 014 ANAB

IMAGEM 159 • Anônimo, sem título, sem data
Giz pastel sobre papel, 20 × 39,5cm
Arquivo de imagens do Instituto C.G. Jung Zurique, Küsnacht, 014 ANAA

IMAGEM 160 • Anônimo, sem título, 1918
Lápis de cor sobre papel, 23 × 30,5cm
Arquivo de imagens do Instituto C.G. Jung Zurique, Küsnacht, 105 EBNB

CATÁLOGO: O HUMANO E O DESUMANO

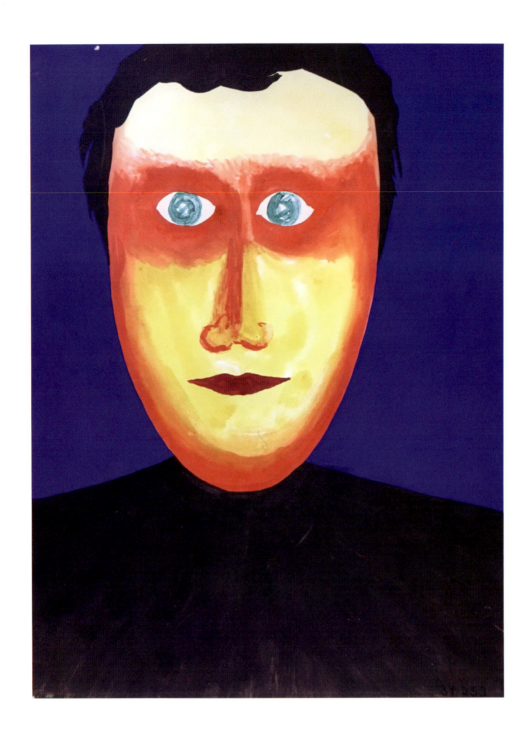

IMAGEM 161 • Anônimo, sem título, 19 de junho de 1921
Guache sobre papel, 32,5 × 25cm
Arquivo de imagens do Instituto C.G. Jung Zurique, Küsnacht, 095 DQEN

IMAGEM 162 • Anônimo, sem título, 18 de setembro de 1924
Guache sobre papel, 32,5 × 25cm
Arquivo de imagens do Instituto C.G. Jung Zurique, Küsnacht, 095 DQOT

IMAGEM 163 • ALTO:
Anônimo, sem título, 1924
Guache sobre papel, 25 × 35cm
Arquivo de imagens do Instituto C.G. Jung
Zurique, Küsnacht, 095 DQOK

IMAGEM 164 • BAIXO:
Anônimo, sem título, sem data
Guache sobre papel, 21 × 30cm
Arquivo de imagens do Instituto C.G. Jung
Zurique, Küsnacht, 021 AUAF

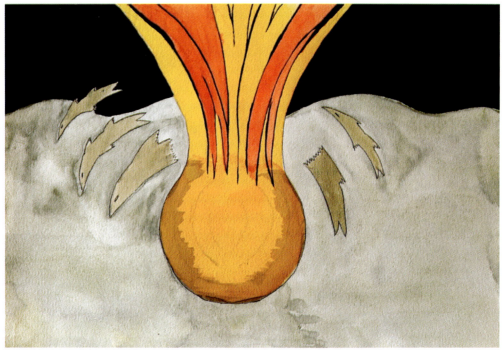

IMAGEM 165 • ALTO:
Anônimo, sem título, 17 de janeiro de 1924
Guache sobre papel, 26 × 28cm
Arquivo de imagens do Instituto C.G. Jung
Zurique, Küsnacht, 029 BCAA

IMAGEM 166 • BAIXO:
Anônimo, sem título, 18 de janeiro de 1924
Guache sobre papel, 26 × 28cm
Arquivo de imagens do Instituto C.G. Jung
Zurique, Küsnacht, 029 BCAB

IMAGEM 167 • Anônimo, sem título, 24 de junho de 1928
Guache sobre papel, 28 × 22cm
Arquivo de imagens do Instituto C.G. Jung Zurique, Küsnacht, 008 AHAM

IMAGEM 168 • Anônimo, sem título, sem data
Guache sobre papel, 43 × 32cm
Arquivo de imagens do Instituto C.G. Jung Zurique, Küsnacht, 019 ASAI

IMAGEM 169 • Anônimo, sem título, 11 de julho de 1926
Guache sobre papel, 14 × 14,5cm
Arquivo de imagens do Instituto C.G. Jung Zurique, Küsnacht, 025 AYAE

CATÁLOGO: O HUMANO E O DESUMANO

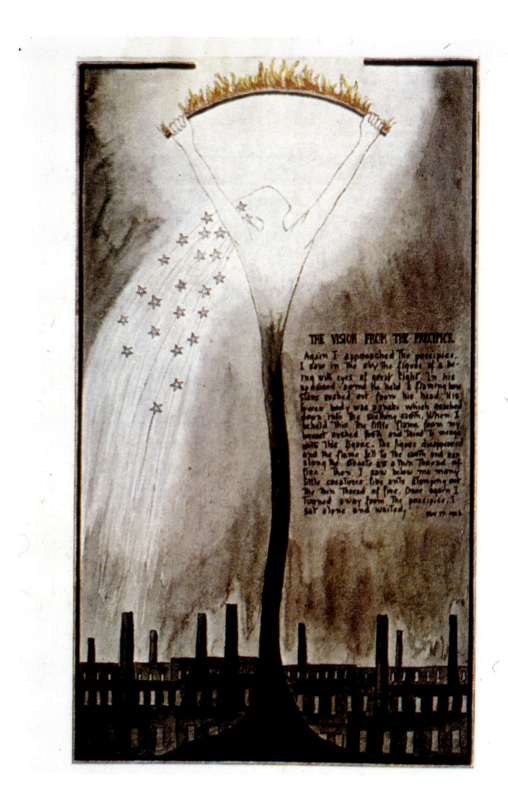

IMAGEM 170 • Anônimo, *The vision from the precipice* (*A visão do abismo*), 17 de novembro de 1926
Tinta e Guache sobre papel, 22 × 14cm
Arquivo de imagens do Instituto C.G. Jung Zurique, Küsnacht, 025 AYBR

I went forth into the market place. It was dark all was deserted I stood alone. The great buildings still clashed together, and again I saw the red mangled birds screaming up into the sky. A great wind blew I saw winding through the streets a burial procession. Men in black robes carried a bier I stood with my arms outstretched to stop them. They stopped. I said "I would look upon the corpse." I lifted the black pall. Beneath it there was nothing. I called out asking – Where is the corpse – Then the men cried in a loud and awful voice "BEHOLD. WE ARE THE DEAD." They tore off their hoods and I saw their faces sad and ghostly in the flickening light of the torches. They said – The ground beneath our feet is hot. Beneath us there must be life but we are dead –. I said – Dig you fools – They began to dig. Suddenly the paving stones cracked and burst. A great fire rushed up from the earth with volcanic fury. It cast forth wild beasts and half human figures. The men shrieked and ran. The wild animals prowled down the silent streets. The fire roared up and consumed the bier. I walked away wondering if the whole city would be destroyed. All the streets converged into one narrow way and I found myself again descending the dark and narrow path I sat down sad and weeping. I said – Is there no end to this path into the valley which I must travel. I wanted to pray. Then I knew that I could only pray to my star. I drew it forth from my breast and laid it upon the ground. I saw a new star grow to protect the circle from the threatening red and black teeth. Crying with relief I put the star back into my breast knowing that it had grown in sureness and in power. I began to walk down the path. Suddenly a black horse thundered by. Upon him rode a shaggy naked man. From the waist down he had the black hair of an animal. He caught up with me crying – Why do you walk. I will show you the way. I tore myself free and seizing the bridle of the horse I gave it a gigantic wrench. The horse and rider fell to the ground. The man freed himself from the horse. As he approached me he turned into a dwarf. He said – You have pulled me from my horse but I will torment you. Though I am dwarfed you will fear me – I said stand up and assume your proper shape. You have the stature of a man. You will walk now and you will show me the way down into your country. It is strange to me. I have been long away.

IMAGEM 171 • Anônimo, *Behold. We are the dead (Eis que somos os mortos)*, sem data
Tinta e Guache sobre papel, 18 × 14cm
Arquivo de imagens do Instituto C.G. Jung Zurique, Küsnacht, 025 AYBU

IMAGEM 172 • Anônimo, sem título, 3 de março de 1928
Guache sobre papel, 29 × 23cm
Arquivo de imagens do Instituto C.G. Jung Zurique, Küsnacht, 039 BMBJ

IMAGEM 173 • Anônimo, sem título, sem data
Guache sobre papel, 44,5 × 36cm
Arquivo de imagens do Instituto C.G. Jung Zurique, Küsnacht, 043 BQAF

CATÁLOGO: O HUMANO E O DESUMANO

IMAGEM 174 • Anônimo, sem título, sem data
Pastel sobre papel, 31 × 21cm
Arquivo de imagens do Instituto C.G. Jung Zurique, Küsnacht, 071 CSAB

IMAGEM 175 • Anônimo, *Ouvindo os pensamentos negros*, 30 de setembro de 1940
Guache sobre papel, 29 × 21cm
Arquivo de imagens do Instituto C.G. Jung Zurique, Küsnacht, 076 CXFN

IMAGEM 176 • Anônimo, *Tudo por amor*, sem data
Guache e tinta sobre papel, 29,5 × 23cm
Arquivo de imagens do Instituto C.G. Jung Zurique, Küsnacht, 026 AZAI

 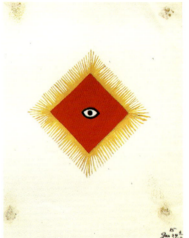

Cf. tb. as imagens 77, 78, 79 e 80 no artigo de Ruth Ammann, p. 116, 117.

NO ALTO, À ESQUERDA: Anônimo, sem título, texto no reverso, 22 de janeiro de 1928
Guache sobre papel, 29 × 23cm
Arquivo de imagens do Instituto C.G. Jung
Zurique, Küsnacht, 039 BMAL

NO ALTO, À DIREITA: Anônimo, sem título, texto no reverso, 23 de janeiro de 1928
Guache sobre papel, 29 × 23cm
Arquivo de imagens do Instituto C.G. Jung
Zurique, Küsnacht, BMAM

EMBAIXO, À ESQUERDA: Anônimo, sem título, texto no reverso, 24 de janeiro de 1928
Guache sobre papel, 29 × 23cm
Arquivo de imagens do Instituto C.G. Jung
Zurique, Küsnacht, 039 BMAN

EMBAIXO, À DIREITA: Anônimo, sem título, texto no reverso, 24 de janeiro de 1928
Guache sobre papel, 29 × 23cm
Arquivo de imagens do Instituto C.G. Jung
Zurique, Küsnacht, 039 BMAO

CATÁLOGO: O HUMANO E O DESUMANO

Cf. tb as imagens 81, 82, 83 e 84 no artigo de Ruth Ammann, p. 117, 118, 119, 120.

NO ALTO, À ESQUERDA: Anônimo, sem título,
texto no reverso, 25 de janeiro de 1928
Guache sobre papel, 29 × 23cm
Arquivo de imagens do Instituto C.G. Jung
Zurique, Küsnacht, BMAP

NO ALTO, À DIREITA: Anônimo, sem título,
texto no reverso, 27 de janeiro de 1928
Guache sobre papel, 29 × 23cm
Arquivo de imagens do Instituto C.G. Jung
Zurique, Küsnacht, BMAQ

EMBAIXO, À ESQUERDA: Anônimo, sem título,
texto no reverso, 29 de janeiro de 1928
Guache sobre papel, 29 × 23cm
Arquivo de imagens do Instituto C.G. Jung
Zurique, Küsnacht, BMAR

EMBAIXO, À DIREITA: Anônimo, sem título,
texto no reverso, 30 de janeiro de 1928
Guache sobre papel, 29 × 23cm
Arquivo de imagens do Instituto C.G. Jung
Zurique, Küsnacht, BMAS

Cf. tb. as imagens 85, 86, 87 e 88 no artigo de Ruth Ammann, p. 122, 123, 126, 128.

NO ALTO, À ESQUERDA: Anônimo, sem título, texto no reverso, 2 de fevereiro de 1928
Guache sobre papel, 29 × 23cm
Arquivo de imagens do Instituto C.G. Jung Zurique, Küsnacht, 039 BMAT

NO ALTO, À DIREITA: Anônimo, sem título, texto no reverso, 3 de fevereiro de 1928
Guache sobre papel, 29 × 23cm
Arquivo de imagens do Instituto C.G. Jung Zurique, Küsnacht, 039 BMAU

EMBAIXO, À ESQUERDA: Anônimo, sem título, texto no reverso, 24 de março de 1928
Guache sobre papel, 29 × 23cm
Arquivo de imagens do Instituto C.G. Jung Zurique, Küsnacht, 039 BMBU

EMBAIXO, À DIREITA: Anônimo, sem título, texto no reverso, 15 de junho de 1928
Guache sobre papel, 29 × 23cm
Arquivo de imagens do Instituto C.G. Jung Zurique, Küsnacht, 039 BMCI

Cf. tb. as imagens 89 e 90 no artigo de Ruth Ammann, p. 129 e 131.

NO ALTO, À ESQUERDA: Anônimo, sem título,
texto no reverso, abril de 1929
Guache sobre papel, 29 × 23cm
Arquivo de imagens do Instituto C.G. Jung
Zurique, Küsnacht, 039 BMED

NO ALTO, À DIREITA: Anônimo, sem título,
texto no reverso, 16 de junho de 1929
Guache sobre papel, 29 × 23cm
Arquivo de imagens do Instituto C.G. Jung
Zurique, Küsnacht, 039 BMEK

IMAGEM 177 • Anônimo, *Árvore em flor*, cerca de 1925
Bordado em seda, 55 × 35cm
Arquivo de imagens do Instituto C.G. Jung Zurique, Küsnacht, ASAF

IMAGEM 178 • Anônimo, *Pássaro*, 1925
Bordado em seda, 37 × 32cm
Arquivo de imagens do Instituto C.G. Jung Zurique, Küsnacht, 019 ASAA

CATÁLOGO: O HUMANO E O DESUMANO

CONCLUSÃO
Pintar a partir do
inconsciente na atualidade

Ingrid Riedel

O arquivo de imagens do Instituto C.G. Jung Zurique

C.G. Jung foi o único psicólogo importante de sua época que pintou quadros e fez esculturas por conta própria e conscientemente dentro da estrutura de seu próprio desenvolvimento interior. O *Livro Vermelho*, que está disponível ao público desde 2008, é um testemunho impressionante de suas pinturas e das associações e pensamentos vinculados a elas. Além disso, desde 1917, ele motivou e incentivou muitos de seus pacientes a criar desenhos e pinturas a partir de seus sonhos e fantasias para lhes dar acesso ao inconsciente e explorar o material simbólico que surge dele.

Durante os últimos anos da vida de Jung – ele faleceu em 1961 – o arquivo de imagens do Instituto C.G. Jung de Zurique foi instalado em Küsnacht. Jolande Jacobi, a analista do Instituto que, provavelmente, mais se interessava pelas possibilidades do trabalho terapêutico com imagens, compilou a coleção de mais de 10.000 imagens para esse fim (cf. tb. o artigo de Vicente L. de Moura neste livro, p. 18). As primeiras imagens com data do arquivo datam de 1917, as demais foram criadas no período que abarca os próximos 40 anos. Para Jung, como já mencionamos, era importante que os pacientes não entregassem suas obras, mas ficassem com elas

para uma contemplação posterior e, portanto, algumas das imagens em sua coleção podem ser cópias feitas pelos próprios artistas originais. As imagens do consultório de Jacobi, por outro lado, são todas originais – ela criticava um pouco essas cópias porque elas não preservavam o impulso emocional original que levara os pacientes a pintar. Portanto, ela tinha suas próprias ideias em relação ao arquivo.

Foi Jacobi que começou a sistematizar essas imagens e tentou catalogá-las de acordo com conceitos e temas, a fim de revelar os símbolos arquetípicos por trás das formas e figuras – uma tentativa que não foi concluída até hoje, especialmente no que diz respeito às imagens que resultaram do próprio consultório de Jacobi, embora os curadores do arquivo, normalmente analistas de ensino do Instituto, tenham investido um esforço cada vez maior para completar essa tarefa. A intenção da extensa coleção de imagens era e é fornecer a estudantes, professores e pesquisadores material inspirador do período original da terapia da pintura, e também encontrar acesso à linguagem do inconsciente por meio da contemplação dessas imagens. Nos casos em que as imagens permanecem sem contexto sobre seus criadores (informações sobre gênero, idade e motivo da terapia) – como acontece com muitas imagens da coleção Jacobi – elas só podem ser

→

avaliadas até certo ponto. No entanto, elas transmitem o simbolismo e os arquétipos do inconsciente que se expressam em processos psicoterapêuticos. Elas também transmitem com autenticidade uma visão do que o próprio Jung via, por exemplo, ou do que ele chegou a ver em seu consultório. As contribuições deste livro apontam vividamente para isso. Alguns dos eventos – como a guerra de bombardeios de 1941-1945 (cf. meu artigo, p. 238) – podem ter comovido Jung profundamente.

Os inícios da arteterapia após C.G. Jung e Jolande Jacobi

Jolande Jacobi foi, além de sua colaboração na fundação e no uso do arquivo de imagens, a pessoa que conseguiu resumir a ideia de Jung sobre a eficácia terapêutica da pintura e do desenho em uma primeira conceituação da terapia de pintura junguiana. Após várias abordagens em ensaios, ela apresentou o conceito por volta de 1969 em seu livro *Vom Bilderreich der Seele* [Sobre o reino das imagens da alma] (Jacobi, 1992), no qual também desenvolveu suas ricas possibilidades de aplicação na prática do trabalho psicoterapêutico. Nesse livro, ela classifica 196 imagens de sua coleção com relação ao respectivo pintor e suas expressões relacionadas à imagem, descreve o quadro de distúrbio e o tema histórico da vida e relaciona esses aspectos ao modo de representação e ao simbolismo das imagens, fornecendo assim uma visão vívida dos processos de trabalho terapêutico com as imagens. A apostila clássica de Jacobi é válida até os dias de hoje. Além de ser uma obra de referência, é um livro prático de terapia de pintura baseado na psicoterapia junguiana e contém todos os elementos fundamentais para a compreensão das "imagens do inconsciente" – expressão de Jung – e sua cuidadosa interpretação.

Jolande Jacobi, que nasceu na Hungria, completou seus estudos psicológicos, que eram um pré-requisito para trabalhar com Jung em seu instituto, por volta de 1934, em Viena com o doutorado, juntamente com Charlotte e Karl Bühler, depois de ter estado em contato e treinamento com C.G. Jung desde 1927. Como psicóloga, ela tinha conhecimento dos resultados atuais da pesquisa psiquiátrica e psicológica sobre a expressão visual de problemas mentais, embora naquela época a pesquisa e o trabalho fossem predominantemente diagnósticos. Assim, os trabalhos seminais sobre os desenhos e imagens dos "doentes mentais" de Hans Prinzhorn (1922), Walter Morgenthaler (1921) e Hans Oskar Pfister (1934) já podiam ser consultados. A psicologia de testes também já havia sido desenvolvida, e a grafologia[1], com seus esquemas simbólicos espaciais, estava no topo da agenda. Jacobi tentou transferir o simbolismo grafológico também para o simbolismo espacial dos quadros pintados. Como uma das alunas mais importantes de Jung, ela era particularmente predestinada para reconhecer e justificar a novidade revolucionária da terapia de pintura com base na psicologia analítica de Jung, que tratava da inclusão do inconsciente no processo de pintura e de uma conexão interpretativa entre o inconsciente e o consciente.

O próprio Jung tentou, desde cedo, reconhecer o estado psicológico de um paciente a partir das criações artísticas dele. Ele recebeu impulsos essenciais de imagens mentais em 1926 para sua concepção da psicologia profunda, por meio de seu encontro com o indologista Heinrich Zimmer (1951). De acordo com Zimmer, para ser eficaz, essa imagem exige "a forma (o yantra geométrico), o formato, a afirmação significativa e, por último, a atitude correta a partir da qual ela foi criada e é vista" (Fierz, 1992, p. 6). Já em 1929, em seu artigo "Os objetivos da psicoterapia" (OC 16/1), Jung descreve seu método de estimular o desenho na prática terapêutica e, da mesma forma, alguns anos mais tarde, em "Estudo Empírico do Processo de Individuação" (OC 9/1), ele pede a seus pacientes que "pintem na realidade o que viram em sonhos ou em sua imaginação" (OC 16/1, § 102). Não se trata de arte, trata-se de mais e de algo diferente, do "efeito vivo sobre o paciente em si" (OC 16/1, § 104). Para Jung, o processo criativo em si era uma forma de imaginação ativa: "Além disso, o ato de pintar materialmente o quadro obriga a uma contemplação sustentada dele em todas as suas partes, de modo que possa, assim, desdobrar plenamente seu efeito" (OC 16/1, § 106). A terapia da pintura contém um elemento próximo à consciência, o da atividade

→

criativa, que é perfeitamente adequado para transmitir à consciência a imaginação pictórica que surge do inconsciente, que é aprofundada na conversa terapêutica ou por uma interpretação psicológica profunda da imagem que ocorre entre o paciente pintor e o psicoterapeuta.

Em "Os objetivos da psicoterapia", Jung explica: "[...] ao pintar a si mesmo [i.e. o paciente], ele pode moldar a si mesmo" (OC 16/1, § 106). Nesse sentido, cada imagem é uma autoimagem e, ao moldar essa imagem, a pessoa trabalha em sua própria essência. "Com esse método [...] o paciente pode se tornar criativamente independente", também depois do acompanhamento pelo terapeuta:

> Por exemplo, um paciente só precisa ter visto algumas vezes como ele se liberta de um estado mental miserável criando uma imagem simbólica para, então, poder recorrer sempre a esse meio assim que se sentir mal. Assim, ele ganha algo de valor inestimável, ou seja, uma aproximação da independência, uma transição para a idade psicológica adulta (OC 16, § 106).

Jung, portanto, desenvolveu as abordagens de Zimmer e as desdobrou num trabalho claro sobre o fenômeno das imagens mentais na prática e, em sua última palestra psiquiátrica de 1957 sobre "A esquizofrenia" (OC 3), ele ressalta mais uma vez explicitamente a importância da expressão figurativa para o sucesso da cura psicoterapêutica. No entanto, apesar de todos os seus impulsos pioneiros, ele não elaborou uma apresentação resumida de todos esses aspectos da terapia nem esboçou um conceito psicológico-metodológico da terapia de pintura. Mas Jolande Jacobi fez isso. Na parte teórica de sua obra fundamental *Vom Bilderreich der Seele* [Sobre o reino das imagens da alma], os pontos de vista que podem nos orientar numa interpretação de imagens são apresentados minuciosamente. Os exemplos práticos subsequentes, também baseados em séries de imagens, abrangem uma ampla gama de aplicações diagnósticas, por exemplo, para determinados distúrbios (como, por exemplo, a compulsão). Mas também falam do tratamento de crises agudas de significado, até mesmo no âmbito espi-

ritual. Num exemplo de interpretação especial, que surgiu durante o tratamento do complexo materno negativo de uma jovem de 18 anos, um quadro intitulado de *A mãe devoradora*[2], Jacobi prossegue com a consideração dos seguintes elementos de interpretação, que ela recomenda ao olhar para cada imagem (cf. Jacobi, 1992, p. 106-112): em primeiro lugar, é importante perceber a impressão geral e o caráter expressivo do quadro, depois o significado do material de pintura usado e a técnica de pintura, que ela sempre identifica com precisão. Em seguida, é preciso fazer uma análise da relação entre a imagem e o espaço de acordo com um esquema espacial-simbólico semelhante ao simbolismo da caligrafia no espaço, conforme elaborado pela grafologia atual. Em seguida, é preciso perguntar qual é o significado das proporções, a organização da imagem, o movimento e as direções do movimento, a perspectiva. Além disso, é preciso analisar fundamentalmente a qualidade das cores, bem como as relações numéricas entre os elementos individuais da imagem e, por fim, os próprios elementos da imagem, seu simbolismo individual e coletivo.

No capítulo final, "Terapia de pintura", Jacobi chega até a desenvolver a abordagem da terapia em grupo com base em sua experiência com grupos de pacientes em uma clínica. No início desse capítulo (Jacobi, 1992, p. 243-277), ela faz um resumo notável dos principais pontos de seu trabalho com pinturas:

> Por mais de 20 anos, tentei elaborar uma interpretação sistemática e metódica das 'pinturas do inconsciente', como Jung as chama, especialmente para possibilitar um diagnóstico do estado em que foram pintadas. Isso me permitiu obter valiosos insights sobre seu conteúdo expressivo e simbólico durante o processo. Elas me permitiram examinar o histórico dos processos psíquicos de meus analisandos a fim de estabelecer relações novas e invisíveis com eles. Para minha própria surpresa, não era incomum que a compreensão dessas imagens produzisse transferências nas quais um entendimento secreto não verbal, mas dinâmico, surgia nos domínios inconscientes do analisando. A imagem que emergia do inconsciente do analisando tocava a mesma

→

imagem ou uma imagem semelhante adormecida no inconsciente do analista, provocando uma reação, por assim dizer, e assim gerava uma ressonância psíquica que evocava um sentimento de ser compreendido (Jacobi, 1992, p. 243).

Uma forma aprofundada de transferência e contratransferência torna-se, portanto, possível por meio da criação e da contemplação conjunta de imagens na terapia.

Poucos sabem que Jolande Jacobi já havia feito experimentos com terapia em grupo baseada em Jung – que, originalmente, foi concebida como terapia individual – na qual cada um dos participantes poderia agora também apresentar seu inconsciente e sua imagem para o círculo de apoio do grupo. Graças ao diretor progressivo da Clínica Zürichberg, Dr. Heinrich Karl Fierz, ela pôde testar sua terapia em grupo com grupos de pacientes variáveis de oito a quinze pessoas com sintomas diferentes.

No capítulo final de seu livro, Jacobi descreve seu procedimento:

Eu dou uma pista, ou seja, um motivo de imagem, que todos, cada um com sua particularidade, devem desenvolver no papel e com o material e a cor que lhes convêm. Isso dá início a um trabalho sobre um tema comum; além disso, todos estão também conectados comigo por meio da minha pintura. Escolhi temas tão simples quanto possível, mas de significado arquetípico, cuja representação figurativa não deve ser muito exigente: peixe, pássaro, árvore, flor, raiva, círculo, triângulo, quadrado, olho, sol, lua, [...] alegria, demônio, bruxa etc., foram alguns dos motivos a serem pintados. Eu alternava entre motivos figurativos, simbólicos e abstratos. Todos os motivos a serem pintados precisavam basear-se num padrão arquetípico básico para desencadear um efeito, para constelar o inconsciente dos participantes. Minha ideia era que vários fatores deveriam estar envolvidos nisso: em primeiro lugar, a possibilidade de autoexpressão, de confissão inconsciente; em segundo lugar, um ato de liberação de emoções reprimidas, sua descarga semelhante a uma sangria; em terceiro lugar, uma redistribuição de energia psíquica, que sempre é a

consequência do surgimento de um símbolo, ou seja, a transformação em imagem de um arquétipo em si, ou seja, a atualização de uma potencialidade ainda presente no fundo da psique (Jacobi, 1992, p. 247s.).

Mesmo enquanto pintava, ela observava a atmosfera positiva que surgia em decorrência da criação em conjunto e que o tema em cada caso tinha a qualidade de um catalisador que tirava o indivíduo de seu isolamento (cf. Jacobi, 1992, p. 248s).

No que diz respeito a seu procedimento metódico, Jacobi acrescenta: "Depois de uma hora, as imagens individuais eram mostradas, discutidas mutuamente e cada uma delas era interpretada por mim de forma sucinta ou detalhada". Ela elabora: "Tentei, além de fazer pequenas observações sobre o simbolismo das cores, dos números, do espaço, das proporções, dos elementos pictóricos etc., dar dicas cautelosas sobre o diagnóstico da situação, conforme permitido pela respectiva imagem" (Jacobi, 1992, p. 249). Na maioria das vezes, a atmosfera era surpreendentemente animada, embora, às vezes, um dos participantes só se juntasse ao grupo de má vontade, apenas quando persuadido, para finalmente perceber: "Mas isso foi interessante, achei que isso seria muito diferente!" (Jacobi, 1992, p. 247). Sobre o ousado tema do "demônio", que, sem dúvida, tem um fundo arquetípico, uma mulher neurótica de 40 anos, por exemplo, pinta uma estrutura semelhante a uma estrela-do-mar (Jacobi, 1992, p. 269s.)[3]. Esse demônio surgiu como se viesse das profundezas. Jacobi diz: "As extremidades das folhas, semelhantes a tentáculos, têm algo de diabólico, algo tentador e perigoso capaz de agarrá-lo" (Jacobi, 1992, p. 270). É um demônio que se apresenta como sangue vermelho e preto ou como uma estrela-do-mar.

Outra mulher de 28 anos de idade pinta um demônio ardente e vívido: "O demônio com seu nariz adunco, com seu cabelo engraçado e casaca é aqui uma figura que atravessa dinamicamente o fogo"[4] – uma figura que vive no inconsciente da própria pintora, sendo que o movimento da pintura para o lado esquerdo da imagem indica, como sempre, que se trata da direção para dentro, por-

→

tanto, também voltada para a própria pintora. Essa figura indica uma nova possibilidade para a pintora, que sofria de uma anorexia grave, agora está a caminho da cura.

A pintura de Jolande Jacobi, *A moça diabólica*, como ela a chama, demonstra o humor com que ela pinta e se apresenta nessa forma inicial de terapia de grupo. Ela comenta: "Obviamente, eu não sou uma pintura muito talentosa. Na imagem, a moça 'diabólica' está de olhos fechados; mas ai dela quando ela os abrir!"[5]. É claro que os membros do grupo em cujos quadros ela acabara de criar seus olhos podem ter ouvido isso com um brilho nos olhos e também percebido dessa forma.

Seria necessário perguntar novamente se a participação artística da líder do grupo é favorável em vista da situação de transferência ou se ela também pode ter um efeito irritante, após a experiência atual com uma terapia de grupo de pintura junguiana e se motivos como "demônio" ou "bruxa", mesmo que de origem arquetípica, são adequados para um grupo em todos os casos. Como primeiro esboço de uma terapia de grupo de pintura junguiana, a tentativa de Jacobi é impressionante e permaneceu inovadora em seus elementos básicos – motivos simbólicos, discussão em grupo das imagens pelos membros do grupo, mas também pelo líder. Inúmeras imagens dessas primeiras terapias de grupo certamente fazem parte dos tesouros do arquivo de imagens. Elas aguardam uma catalogação mais detalhada.

Desenvolvimento da terapia de pintura junguiana

Como a ideia e o conceito da terapia de pintura junguiana se desenvolveram desde Jolande Jacobi? Na verdade, levou de 1969 a 1992 até que eu e Christa Henzler publicássemos o conceito de uma terapia de pintura psicológica profunda em nosso livro *Maltherapie: Eine Einführung auf der Basis der Analytischen Psychologie von C.G. Jung* [Terapia de pintura: Uma introdução baseada na Psicologia Analítica de C.G. Jung]. Esse livro metodológico foi publicado em várias edições, mais recentemente na edição ampliada de 2016, na qual, pela primeira vez,

também apresentamos a possibilidade de supervisionar a terapia de pintura com base nas imagens dos pacientes (Riedel & Henzler, 2016). A terapia de pintura descreve a abertura e a inclusão do inconsciente nos processos de criação e mostra como ocorre a conexão do inconsciente com a consciência por meio da discussão de imagens no trabalho interpretativo na psicologia profunda. Como fatores de eficácia da terapia da pintura, enfatizamos nesse livro: 1) o processo de criação em si, 2) o processo de imaginação e simbolização que ocorre no processo, 3) o processo de discussão e interpretação e 4) o processo de transferência que ocorre no processo. Meus estudos sobre "cores", "formas" e "imagens" precederam isso como elementos fundamentais para a interpretação de representações figurativas do inconsciente (Riedel, 2005, 2006, 2008).

Em 2008, depois de mais de 12 anos de experiência com pacientes e grupos de treinamento, Christa Henzler e eu apresentamos o conceito abrangente e minuciosamente elaborado de uma terapia de pintura em grupo em nosso livro *Malen in der Gruppe* [Pintura em grupos] (Henzler & Riedel, 2008), que também apresenta um foco prático e, portanto, adotou abordagens que já haviam sido incluídas na primeira edição de nosso livro básico sobre terapia de pintura.

Brigitte Dorst (2015b, 2015a) também desenvolveu conceitos de terapia em grupo com uma base junguiana desde 1990 e sempre descreveu a inclusão da imaginação, do simbolismo e das imagens no trabalho de grupo de uma forma nova e inovadora, mais recentemente em *Therapeutisches Arbeiten mit Symbolen – Wege in die innere Bilderwelt* [Trabalho terapêutico com símbolos – Caminhos para o mundo de imagens interior] (2ª edição atualizada e ampliada).

Não nos esqueçamos, porém, de que Susan Bach (1966, 1975, 1995) já pesquisava "pintura e desenho espontâneos no campo cirúrgico" em clínicas de Londres a partir de 1961 e, mais tarde, também envolveu crianças e grupos de crianças que sofriam de leucemia. Além disso, sua experiência no amplo campo psicossomático (em seu nome, a Susan Bach Foundation também apoiou financeiramente nosso projeto atual, *O livro da imagens*).

→

Principalmente na área dos Institutos C.G. Jung de língua alemã – sobretudo o Instituto Jung de Zurique e o Instituto de Stuttgart – a terapia de pintura segundo Jung e Jacobi encontrou ancoragem e apoio tanto no programa de treinamento para analistas futuros quanto nos programas de pesquisa.

No Instituto C.G. Jung Zurique, Rudolf Michel ([s.d.]) elaborou um esquema simbólico espacial refinado no âmbito de seus seminários e palestras, que contribui muito para a interpretação de imagens do inconsciente, e o comprovou com inúmeros exemplos. Por exemplo, na área do quadrante inferior direito existe sempre um simbolismo especial de segurança ou, nos casos correspondentes, de insegurança.

Helen Ingeborg Bachmann explorou as fases de desenvolvimento dos processos de desapego e individuação na primeira infância por meio de representações pictóricas e publicou suas descobertas em 1985 sob o título *Malen als Lebensspur* [Pintura como rastro da vida] (Bachmann, 1985).

No mesmo ano, foi publicado também o livro de Ursula Baumgardt (1985), *Kinderzeichnungen – Spiegel der Seele* [Desenhos infantis – Espelhos da alma]. O Instituto C.G. Jung Stuttgart também tem dado atenção especial à imagem no processo de desenvolvimento de crianças e adolescentes desde Ursula Eschenbach (1978, 1990), o que também é testificado pelo livro de Renate Daniel (1993), *Archetypische Signaturen im unbewussten Malprozess* [Assinaturas arquetípicas no processo de pintura inconsciente].

Outras pesquisas dentro do contexto do Instituto C.G. Jung Zurique se concentraram nas possibilidades da terapia de pintura junguiana no campo psiquiátrico, como, por exemplo, o estudo de 1979 de Paul Brutsche (1975) *Zur Bedeutung der Perspektive in Analysanden-Zeichnungen* [Sobre o significado da perspectiva em desenhos de analisandos], no qual ele conseguiu tirar conclusões notáveis sobre a estrutura do complexo do ego, por exemplo, em psicoses, a partir da elaboração da perspectiva. No que diz respeito à aplicação da terapia de pintura em psicoses, as teses de Manfred Krapp (1986) e Margitta Giera-Krapp (1985) contribuem com novas perspectivas significativas. Enquanto Manfred

Krapp adverte contra o uso da terapia de pintura em psicoses agudas em sua tese sobre *Die Gestaltungstherapie als Beitrag zur Psychotherapie der Psychosen* [A terapia de pintura como contribuição para a psicoterapia das psicoses], referindo-se ao trabalho fundamental de Gaetano Benedetti (1979), Margitta Giera-Krapp, em sua *Beitrag zur Therapie der frühen Störungen* [Contribuição para a terapia de transtornos precoces], enfatiza a eficácia da terapia de pintura, especialmente nas fases de restituição do ego após surtos psicóticos em transtornos bipolares. Manfred Krapp (2010) também apresentou um novo e impressionante estudo sobre o trabalho em grupo de pintura com pacientes psiquiátricos.

Hoje, a terapia de figuração – esse termo foi introduzido por Gunter Clauser (1960) – se encontra mais incluída nos conceitos de psicoterapia de pacientes internados e é aplicada principalmente nas áreas e formas de tratamento de queixas psicossomáticas. Na terapia ambulatorial, a terapia de pintura tem se mostrado eficaz especialmente no tratamento e acompanhamento de vícios, mas também de transtornos de ansiedade, com pessoas depressivas e, também, com pessoas com distúrbios narcisistas.

Graças à experiência positiva com inúmeros pacientes, a pergunta se pessoas com distúrbios narcisistas – incluindo o amplo espectro de psicossomáticos – são ou não capazes de formar símbolos e, portanto, de criar imagens, foi respondida em favor de uma capacidade fundamental de simbolizar, que, no entanto, deve ser expressamente incentivada pelo terapeuta. Acima de tudo, o trabalho de Gertraud Schottenloher (1989), desde sua dissertação *Das therapeutische Potential spontanen bildnerischen Gestaltens unter besonderer Berücksichtigung körpertherapeutischer Methoden* [O potencial terapêutico da figuração espontânea com consideração especial dos métodos de terapia corporal], foi capaz de provar e fundamentar a eficácia da terapia de pintura com pessoas com distúrbios precoces. Para Schottenloher, a constelação do chamado "campo materno" ou do complexo materno positivo forma a base de apoio da terapia de pintura, especialmente em grupos.

→

O estudo de Holgrid Gabriel (1990) *Die Behandlung früher Störungen mit kunsttherapeutischen Mitteln aus der Sicht von C.G. Jung* [O tratamento de distúrbios precoces com meios arteterapêuticos sob a perspectiva de C.G. Jung] segue uma direção semelhante.

Chamou atenção também a metodologia especial de uma interpretação psicológica profunda de imagens, que foi cada vez mais refinada e praticada, por exemplo, por Theodor Abt (2005) e publicada em sua *Introduction to Picture Interpretation According to C.G. Jung*.

A tese de diploma de Christa Henzler (1985) também tratou de "Aspectos da terapia da pintura com referência especial à abordagem interpretativa da psicologia de profundidade". Algumas de suas descobertas foram incorporadas em nosso livro *Maltherapie*.

Contribuições valiosas para a terapia da pintura junguiana a partir de 2003 são os estudos de Linda Briendl (2003, 2013) que, entre outras coisas, se concentram no campo da exploração das emoções e lançam luz sobre a "criatividade como expressão da emoção".

Em 2004, juntamente com Christa Henzler, publiquei o livro *Malen, um zu überleben: Ein kreativer Weg durch die Trauer* [Pintar para sobreviver: Um caminho criativo para atravessar o luto] (Henzler & Riedel, 2003). Esse livro foi precedido pelo ensaio de Henzler "Malen gegen den Tod: Die Funktion des Malens bei der Durchschreitung der Trauerphasen" (2003) [Pintar contra a morte: A função da pintura ao passar pelos estágios do luto].

Também pude ressaltar a eficácia especial da terapia de pintura no trabalho de luto na obra de referência *Kunsttherapie bei psychischen Störungen* [Arteterapia em transtornos psicológicos], organizada por Flora von Spreti, Hans Forstl e Philipp Martius (2012). Essa obra também contém o artigo de Verena Kast sobre psicoterapia em crises de luto. Em várias obras de referência da psicologia junguiana, como, por exemplo, no livro de Verena Kast (1990), *Die Dynamik der Symbole – Grundlagen der Jung'schen Psychotherapie* [A dinâmica dos símbolos – Fundamentos da psicoterapia junguiana] ou no livro metodológico de Brigitte Dorst (2015b), *Therapeutisches Arbeiten mit Symbolen – Wege in die innere Bilderwelt* [Trabalho terapêutico com símbolos – Caminhos para o mundo de imagens interior], a terapia de pintura já encontrou seu lugar. Da mesma forma, a abordagem junguiana encontrou seu lugar em obras de referência, como o volume sobre arteterapia para transtornos mentais editado por von Spreti, Forstl e Martius.

Terapia de pintura na prática

Para encerrar, algumas dicas sobre como a "pintura a partir do inconsciente" é usada na prática da psicoterapia atual e como ela é metodicamente planejada.

No trabalho em grupo da terapia de pintura atual, as sugestões de Jolande Jacobi são seguidas na medida em que um símbolo é sugerido em cada caso para imaginar e pintar juntos, de modo que os membros individuais do grupo mergulhem juntos nas profundezas de um campo simbólico – por exemplo, nos quatro elementos ou nas cores primárias – e encontrem ali suas experiências e imagens individuais. Depois, cada uma das imagens criadas é examinada em conjunto e cuidadosamente interpretada com o líder do grupo.

A eficácia terapêutica dessa forma de terapia de grupo se baseia na conexão do processo imaginativo, que abre o acesso ao inconsciente, com o processo criativo desperto, que conecta esses símbolos pictóricos encontrados inconscientemente com a consciência, tornando-os conscientes. Por fim, no processo de discussão, as imagens criadas também são conectadas com os temas concretos da vida dos membros individuais do grupo – semelhante à interpretação dos sonhos. Com isso, os membros do grupo também se conhecem e se entendem melhor, o que reforça o efeito terapêutico desse método de grupo.

A terapia individual praticada hoje com a "pintura a partir do inconsciente" também segue essencialmente os conceitos de Jung e Jacobi, que permitiam que os pacientes fossem independentes em sua escolha – de motivos de sonhos, imaginações ou também temas da vida que surgiam na sessão de terapia e talvez já tivessem sido abordados. Então os pacientes pintavam as imagens em casa e

→

as traziam para a sessão de terapia seguinte para uma tentativa conjunta de interpretação com o terapeuta. Como acontecia com Jung, hoje em dia, às vezes, uma pequena série de quadros, em vez de um quadro individual, é usada na discussão, pois isso torna as mudanças espontâneas e as etapas de desenvolvimento de imagem para imagem mais claramente reconhecíveis, tanto para os próprios pacientes quanto para seus terapeutas. Além disso, uma interrupção inevitável e mais longa no tratamento – por exemplo, devido a um período de férias – pode ser superada de forma útil se os pacientes permanecerem conectados aos seus temas por meio da pintura.

Durante as fases dramáticas do tratamento, por exemplo, quando um trauma irrompe e se torna real, tem se mostrado útil incentivar os pacientes a pintar durante as horas de tratamento no consultório do terapeuta, pois assim eles pintam sob os olhos do terapeuta, por assim dizer, que pode apoiar e acompanhar melhor o paciente na situação de ansiedade e, ao mesmo tempo, perceber melhor o processamento do trauma no processo simbólico da pintura.

Ocasionalmente, também é possível que o paciente e o terapeuta pintem juntos durante a sessão terapêutica, de modo que o conteúdo de um determinado símbolo ou imagem de sonho possa ser percebido e complementado por ambos. Entretanto, essa pintura conjunta do paciente e do terapeuta só fará sentido se o processo de transferência for percebido conscientemente.

Notas

1 Sobre a grafologia, cf. Jacobi (1992), p. 25 – com referência a: Helmut (1934) – e p. 61-63; para esquemas espaciais, cf. p. 25 e 53.

2 Jacobi (1992, p. 107): Imagem 41, A mãe devoradora, aquarela e tinta, moça de 18 anos de idade.
Imagem 181, guache, mulher de 40 anos de idade, explicações: Jacobi (1992, p. 296s.).

3 Imagem 183, guache, mulher de 28 anos de idade, explicações: Jacobi (1992, p. 270).

4 Imagem 184, título: *A moça diabólica*, guache, mulher de 77 anos de idade, explicações: Jacobi (1992, p. 270).

REFERÊNCIAS

As referências indicadas pelas iniciais OC foram extraídas da Obra Completa de C.G. Jung, publicada pela Vozes em 18 volumes em 2012.

Abt, T. (2005). *Introduction to picture interpretation according to C.G. Jung*. Living Human Heritage Publications.

Alchemie: Lexikon einer hermetischen Wissenschaft. (1998). Beck.

Bach, S. R. (1966). *Spontanes Malen schwerkranker Patienten: Ein Beitrag zur psychosomatischen Medizin (Acta Psychosomatica; 8)*. Geigy.

Bach, S. R. (1975). Spontaneous pictures of leukemic children as an expression of the total personality, mind and body. *Acta Paedopsychiatry, 41*(3), 86-104.

Bach, S. R. (1995). *Das Leben malt seine eigene Wahrheit: Über die Bedeutung spontaner Malereien schwerkranker Kinder*. Daimon.

Bachmann, H. I. (1985). *Malen als Lebensspu – Die Entwicklung kreativer bildlicher Darstellung: Ein Vergleich mit den frühkindlichen Loslösungs- und Individuationsprozessen*. Klett-Cotta.

Baumgardt, U. (1985). *Kinderzeichnungen – Spiegel der Seele: Kinder zeichnen Konflikte ihrer Familie*. Kreuz.

Benedetti, G. (1979). Psychopathologie und Kunst. In G. Condrau (Org.).*Transzendenz, Imagination und Kreativität – Religion, Parapsychologie und Kunst* (Vol. 15, p. 1045-1054). Kindler.

Bericht über das Deutsche Seminar von Dr. C. G. Jung, zusammengestellt von Olga von Koenig-Fachsenfeld. (1931). [Impressão particular].

Blom, P. (2008). *The Vertigo Years: Europe, 1900-1941*. Basic Books.

Briendl, L. (2003). Die Wiederbeheimatung in der Welt der Gefühle – Kreativität als Ausdruck von Emotion. In H. M. Emrich, & I. Riedel (Orgs.). *Im Farbenkreis der Emotionen: Festschrift für Verena Kast zum 60.Geburtstag*. (p. 22-29). Königshausen & Neumann.

Briendl, L. (2013). *Bilder als Sprache der Seele: Sich selbst entdecken durch Malen und Gestalten* (2º ed). Patmos.

Brutsche, P. (1975). *Zur Bedeutung der Perspektive in Analysanden-Zeichnungen*. Instituto C.G. Jung Zurique.

Burmeister, R., Oberhofer, M., & Francini, E. T. (Orgs.). (2016). *Dada Afrika. Dialog mit dem Fremden*. Scheidegger & Spiess.

Clauser, G. (1960). Die Gestaltungstherapie – Der therapeutische Umgang mit dem schöpferischen Menschen. *Praxis der Psychotherapie, 5*, 268-295.

Daniel, R. (1993). *Archetypische Signaturen im unbewußten Malprozeß* (Vol. 6). Bonz.

Dorst, B. (2015a). Der Archetyp der Gruppe – Gruppen als Erfahrungsräume der Individuation und Ko-Individuation. *Analytische Psychologie, 181*, 336-361.

Dorst, B. (2015b). *Therapeutisches Arbeiten mit Symbolen – Wege in die innere Bilderwelt*. Kohlhammer.

Elias, R. (1988). *Die Hoffnung erhielt mich am Leben*. Piper.

Eschenbach, U. (Org.). (1978). *Das Symbol im therapeutischen Prozess bei Kindern und Jugendlichen* (Vol. 1). Bonz.

Eschenbach, U. (1990). Sinn-Bilder eines Reifungsprozesses weiblicher Identität. In P.-M. Pflüger (Org.). *Die Suche nach Sinn heute*. Walter.

Fierz, K. (1992). Prefácio. In J. Jacobi, *Vom Bilderreich der Seele*. Walter.

Fink, A. (2012). *Kunst in der Psychiatrie: Verklärt, verfolgt, vermarktet*. Lit.

Focillon, H. (1954). *Das Leben der Formen* (G. Baerlocher, Trad.). Francke.

Gabriel, H. (1990). Die Behandlung früher Störungen mit kuntsttherapeutischen Mitteln aus der Sicht von C.G. Jung. In H. G. Petzold, & I. Orth (Orgs.). *Die neuen Kreativitätstherapien* (Vol. 1). Junfermann.

Giera-Krapp, M. (1985). *Ein Beitrag zur Therapie der frühen Störungen* [TCC não publicado]. Instituto C.G. Jung Zurique.

Goethe, J. W. von. (1810). *Zur Farbenlehre* (Vol. 3).

Heigl-Evers, A., & Ott, J. (1995). *Die psychoanalytischinteraktuelle Methode. Theorie und Praxis*. Vandenhoeck & Ruprecht.

Helmut, M. (1934). *Menschenkenntnis aus der Handschrift*. Munz.

Henzler, C. (1985). *Aspekte der Maltherapie unter besonderer Berücksichtigung des tiefenpsychologischen Interpretations-Ansatzes* [TCC não publicado]. Universidade de Kassel.

→

Henzler, C. (2003). Malen gegen den Tod: Die Funktion des Malens bei der Durchschreitung der Trauerphasen. In H. M. Emrich & I. Riedel (Orgs.), *Im Farbenkreis der Emotionen: Festschrift für Verena Kast zum 60. Geburtstag* (p. 54–64). Königshausen & Neumann.

Henzler, C., & Riedel, I. (2003). *Malen, um zu überleben: Ein kreativer Weg durch die Trauer*. Kreuz.

Henzler, C., & Riedel, I. (2008). *Malen in der Gruppe: Modelle für die therapeutische Arbeit mit Symbolen*. Kreuz.

Jacobi, J. (1956). *Dokumente des Bildarchivs* [Memorando de 21 de junho de 1956]. C.G. Jung-Institut Zürich.

Jacobi, J. (1992). *Vom Bilderreich der Seele* (5° ed). Walter.

Jung, C. G. (1984). *Erinnerungen, Träume, Gedanken von C.G. Jung* (A. Jaffé, Org.; 2° ed). Walter.

Jung, C. G. (2016). *Erinnerungen, Träume, Gedanken* (19° ed). Patmos.

Jung, C. G. (2018). To Mr. O., carta de 2 de maio de 1947. In *Cartas II: 1946-1955*. Vozes.

Kast, V. (1990). *Die Dynamik der Symbole – Grundlagen der Jung'schen Psychotherapie*. Walter.

Kast, V. (2012). *Imagination. Zugänge zu inneren Ressourcen finden*. Patmos.

Keller, T. (1972). C.G. Jung: Some memories and reflections. *Inward Light, 35*, 1-18.

Krapp, M. (1986). *Die Gestaltungstherapie als Beitrag zur Psychotherapie der Psychosen* [TCC não publicado]. Instituto C.G. Jung Zurique.

Krapp, M. (2010). *Ich-Du-Wir: Zur bildnerischen Symbolik von therapeutischen Transformationsprozessen in Gruppen – Analytische Psychologie und Psychotherapie der Psychosen*. Opus Magnum.

Kübler, G. (1982). *Die Form der Zeit. Anmerkung zur Geschichte der Dinge* (B. Blumenberg, Trad.). Suhrkamp.

Michel, R. ([s.d.]). *Studien zur Raumsymbolik* [Manuscritos não publicados]. C.G. Jung-Institut Zürich.

Morgenthaler, W. (1921). *Ein Geisteskranker als Künstler*. E. Bircher.

Panksepp, J., & Biven, L. (2012). *The archaeology of mind: Neuroevolutionary origins of human emotions*. W. W. Norton.

Pfister, H. O. (1934). Farbe und Bewegung in der Zeichnung Geisteskranker – Aus der Psychiatrischen Universitätsklinik Zürich. *Schweizer Archiv für Neurologie und Psychiatrie, 34*, 325-365.

Prinzhorn, H. (1922). *Bildnerei der Geisteskranken*. Springer.

Puff-Trojan, A., & Compagnon, H. M. (2016). *Dada-Almanach. Vom Aberwitz ästhetischer Contradiction. Textbilder, Lautgedichte, Manifeste*. Manesse.

Riedel, I. (1985). *Formen. Kreis, Kreuz, Dreieck, Quadrat, Spirale*. Kreuz.

Riedel, I. (2005). *Bilder in Psychotherapie, Kunst und Religion: Ein Schlüssel zur Interpretation*. Kreuz.

Riedel, I. (2006). *Formen – Tiefenpsychologische Deutung von Kreis, Kreuz, Dreieck, Quadrat, Spirale und Mandala*. (5° ed). Kreuz.

Riedel, I. (2008). *Farben in Religion, Gesellschaft, Kunst und Psychotherapie* (18° ed). Kreuz.

Riedel, I., & Henzler, C. (2016). *Maltherapie: Eine Einführung auf der Basis der analytischen Psychologie von C.G. Jung*. Patmos.

Schottenloher, G. (1989). *Das therapeutische Potential spontanen bildnerischen Gestaltens unter besonderer Berücksichtigung körpertherapeutischer Methoden – Ein integrativer Therapieansatz*. Hartung-Gorre.

Shamdasani, S. (2009). Liber novus: O Livro Vermelho de C.G. Jung. In C. G. Jung. *O Livro Vermelho* (p. 1-86). Vozes.

Silberer, H. (1909). Bericht über eine Methode, gewisse symbolische Halluzinations-Erscheinungen hervorzurufen und zu beobachten. In E. Bleuler & S. Freud (Orgs.), *Jahrbuch für psychoanalytische und psychopathologische Forschung* (Vol. 1, p. 513-525). Franz Deuticke.

Spreti, F. von, Förstl, H., & Martius, P. (Orgs.). (2012). *Kunsttherapie bei psychischen Störungen* (2° ed). Elsevier, Urban und Fischer.

Staudenmaier, L. (2012). *Die Magie als experimentelle Naturwissenschaft*. Sarastro.

Warburg, A. (2000). *Der Bilderatlas Mnemosyne* (M. Warnke, Org.). Akademie.

Zimmer, H. (1951). *Mythen und Symbole in indischer Kunst und Kultur*. Rascher.

Zuch, R. (2004). *Die Surrealisten und C.G. Jung*. VDG.

Os autores

Ruth Ammann, curadora do arquivo de imagens do Instituto C.G. Jung Zurique, arquiteta, psicanalista junguiana e terapeuta de *sandplay*, atua em consultório particular desde 1979. É analista e professora do Instituto C.G. Jung Zurique e foi presidente da International Society for Sandplay Therapy por muitos anos. Atividades de ensino internacionais.

Dr. Vicente L. de Moura, supervisor, palestrante e analista de ensino no Instituto C.G. Jung Zurique, ex-presidente da Fundação Susan Bach, autor de vários artigos e curador do arquivo de imagens do Instituto C.G. Jung Zurique entre 1998 e 2015. Ele é psicólogo, especialista em tipologia junguiana para aconselhamento corporativo e trabalha como psicoterapeuta em seu próprio consultório.

Dr. Monika Jagfeld, historiadora de arte, é diretora do Museum im Lagerhaus, Stiftung für schweizerische Naive Kunst und Art Brut, em St. Gallen. Ela é, entre outras coisas, membro do júri e do conselho de curadores do EUWARD, European art award painting and graphic arts in the context of mental disability, und Vorstandsmitglied der European Outsider Art Association (EOA). Inúmeras exposições e publicações no campo da *Outsider Art* sobre coleções institucionais históricas e obras individuais, arte contemporânea e projetos de crossover.

Dr. Verena Kast, professora de psicologia e psicoterapeuta em consultório particular, é conferencista e analista de ensino no Instituto C.G. Jung Zurique. Escreveu inúmeras obras altamente conceituadas sobre a psicologia das emoções, os fundamentos da psicoterapia e a interpretação de contos de fadas e sonhos. Mais recentemente publicado pela editora Patmos: *Wider Angst und Hass. Das Fremde als Herausforderung zur Entwicklung* (Ostfildern, 2017).

Doris Lier, formada em história, história da arte, história geral da religião e filosofia, psicanalista junguiana, palestrante, analista docente e analista supervisora no Instituto C.G. Jung Zurique e no ISAPZurich. Consultório independente desde 1988. Várias publicações sobre a história dos símbolos e interpretação de sonhos, bem como sobre problemas epistemológicos da psicologia analítica. Atividade docente internacional.

Dr. Ingrid Riedel, analista junguiana, teóloga e germanista, é professora honorária de psicologia da religião e psicoterapeuta em seu próprio consultório em Konstanz, bem como palestrante e analista de ensino nos Institutos C.G. Jung Zurique e Stuttgart. Inúmeras publicações, entre elas, na editora Patmos: *Maltherapie. Auf Basis der Analytischen Psychologie C.G. Jung* (juntamente com Christa Henzler, nova edição ampliada, Ostfildern, 2016).

Dr. Philip Ursprung, historiador da arte, é professor de história da arte e de arquitetura na ETH Zurich. Ele estudou em Genebra, Viena e Berlim e lecionou na Universidade de Zurique, na Universidade de Artes de Berlim e na Universidade de Columbia, em Nova York. Ele é, entre outras coisas, o editor de Herzog & de Meuron. Naturgeschichte (Montreal, 2002) e autor de Die Kunst der Gegenwart (Munique, 2010). Seu livro mais recente é *Der Wert der Oberfläche. Essays zu Architektur, Kunst und Ökonomie* (Zurique, 2017). Ele é sobrinho e afilhado de Ruth Ammann.

As imagens

Todas as imagens reproduzidas neste volume pertencem ao arquivo de imagens do Instituto C.G. Jung Zurique: *copyright* C.G. Jung-Institut Zürich, Kusnacht.

Fotos das imagens 1-15, 21-51, 53-59, 61-67, 69, 71, 74-160, 164-178: Ulrich Peters.
Fotos das imagens 16-20, 52, 60, 68, 70, 72, 73, 161-163: Arquivo de imagens do Instituto C.G. Jung Zurique, Küsnacht.

P. 205, ilustração. 1: *Cristo na mandorla*, Catedral de Chartres: *copyright* akg-images / Catherine Bibollet.
P. 206, ilustração 2: Matthias Grunewald, *Ressurreição de Cristo, Altar de Isenheim*: *copyright* akg-images.
P. 204 , ilustração 3: Giovanni Battista Piranesi, *Carceri III* (A torre redonda): *copyright* akg-images.